westermann

AF196991

PASSWORT LUPE

Erarbeitet von:
Kathrin Grothe
Leonore Jahn
Beate Janzen
Dr. Monika Plath
Uta Sommer

Unter wissenschaftlicher Beratung von:
Prof. Dr. Tabea Becker

Illustriert von:
Sabine Wiemers
Michael Stapper
Zapf

3 Lesebuch

Seiten im Lesebuch

 **Passwort Lupe**
Begegne den Detektiven:
Geschichten mit Lulu,
Umut, Paul und Elsa.

 **Tandemlesen**
Übe mit einem
Partnerkind
das flüssige Lesen.

 **Buchtipp**
Super Bücher: Lies
einfach mal weiter.

 **Vorlesetexte**
Hör gut zu: Diese Texte
werden vorgelesen.

 **Lesefutter**
Lies noch mehr.

 **Lesespaß**
Trainiere deine
Lachmuskeln.

 **Lesefutter**
Suche dir einen Text aus:
leicht, mittel, schwer.

 **Tablet & Co**
Erfahre mehr über
digitale Medien.

Detektivwissen üben + überprüfen

Wie gut kannst du das?
Willst du es noch mal üben?
Finde es heraus.

 Zu diesem Text
findest du ein
Quiz bei Antolin.

 Hier kannst du etwas
genau unter die Lupe
nehmen.

 Digitale Kompetenzen

Aufgaben im Lesebuch haben drei Anforderungsbereiche:

 **1** wieder-
geben

 **2** Zusammmhänge
herstellen

 **3** reflektieren
und beurteilen

DAS SIND WIR:

Detektivausweis: LUPE

Lulu

Typisch ich: Juchhuuuuu – Judo!
Bücherratte

Detektivausweis: LUPE

Umut

Typisch ich: immer Musik im Ohr
Computer-Checker

Detektivausweis: LUPE

Paul

Typisch ich: Tischtennis-Champ
Herrchen von Murmel

Detektivausweis: LUPE

Elsa

Typisch ich: Tiere, Tiere, Tiere
Quasseltante (manchmal)

INHALT

INHALT

Kapitel 1
leben – lernen – respektieren

Das LUPE-Lied

milou & flint

Lu-lu,__ U - mut, Paul und El - sa,__ De-tek-ti-ve das sind__ wir!__

Mu-tig,__ schlau, bes-te Freun-de,__ che-cken al-les ganz ge-nau!__

Su-chen Spu-ren ü-ber-all,__ lö-sen ganz schnell je-den__ Fall. Bist

du da-bei? Dann rät-sel mit!__ Pass-wort LU-PE ist der__ Hit!

Lu-lu,__ U - mut, Paul und El - sa,__ De-tek-ti-ve das sind__ wir!__

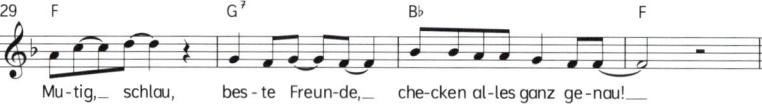

Mu-tig,__ schlau, bes-te Freun-de,__ che-cken al-les ganz ge-nau!__

› auf ein Thema einstimmen

Für uns
sind
die anderen anders.

Für die anderen
sind wir anders. [gekürzt]

Hans Manz

Im gleichen Moment

Jetzt, wo du lachst,
mag ein Inuit weinen.
Siehst du ihn nicht, diesen Kleinen?
Wie er dasteht im Schnee?
Irgendetwas tut ihm weh.

Und, wenn du weinst,
mag der Inuit lachen.
Tja, sagst du, kann man nichts machen!
Ich bin hier, der ist da.
Komisch ist das – na ja!

Einmal vielleicht
weint ihr beide gemeinsam.
Jeder für sich, jeder einsam.
Weint im gleichen Moment.
Dumm, dass ihr euch nicht kennt.

Gina Ruck-Pauquèt

SEHT MAL:
ULF IST GANZ ROSA!
ULF IST EIN MÄDCHEN!
MÄDCHEN! MÄDCHEN! MÄDCHEN!

› sich an Gesprächen beteiligen
› mit anderen über Texte sprechen
› eigene Gedanken zu Texten entwickeln

9

Wer ist der Dieb?

„So kann es nicht weitergehen!", sagt Elsa.
„Wir brauchen endlich einen neuen Fall."
Ihre Freunde vom Team LUPE sehen das genauso.
„Vielleicht machen ja gerade alle Verbrecher Urlaub",
5   witzelt Umut.
Lulu kichert.
Dann schnippt Paul mit den Fingern. „Ich weiß was!
Wir denken uns selber einen Fall aus.
Da können wir Beobachten und Kombinieren üben."
10   Elsa ist begeistert. „Das klingt toll! Wir brauchen
einen Detektiv und drei Verdächtige.
Einer davon ist der Dieb. Also, wer will den Detektiv spielen?"
Lulu streckt die Hand hoch.
Die anderen übernehmen gerne die drei Verdächtigen.
15   Damit etwas gestohlen werden kann, muss Lulu kurz rausgehen.
Aufgeregt tuscheln Elsa, Paul und Umut miteinander.
„Alles klar", sagt Umut. „So machen wir es!"
Sie haben sich geeinigt, wer von ihnen der Dieb ist.
Dann schlägt der Dieb zu und Lulu muss herausfinden,
20   was passiert ist.
„Lulu, du kannst reinkommen!", rufen Elsa, Paul und Umut laut.
Die Detektivin kommt zurück ins Gartenhaus. Lulu sieht sich um.
Sie hat sich genau gemerkt, was vorher auf dem Tisch lag:
fünf bunte Kreiden für den Tatort, drei Detektivausweise
25   und zwei Lupen.

Jetzt sind dort noch vier Kreiden, drei Ausweise und zwei Lupen.
Lulu kombiniert: „Die grüne Kreide wurde geklaut!
Wer von euch war es?"

30 Paul regt sich furchtbar auf:
„He, was soll das? Ich bin unschuldig!"
Umut macht Scherze. „Hihi! Eine Kreide ist weg.
Wer hat die wohl versteckt?"
Elsa legt Lulu die Hand auf den Arm.

35 „Das tut mir sooo leid, dass jemand deine Kreide geklaut hat."
Lulu sieht alle drei Verdächtigen scharf an und
versucht zu kombinieren: Warum ist Paul so laut geworden?
Wollte Umut mit seinen Scherzen von sich ablenken?
Und war Elsas Mitleid nur gespielt?

40 Plötzlich grinst Lulu von einem Ohr zum andern.
„Elsa, du bist der Dieb!"
„Bravo!", rufen Elsa, Paul und Umut.
Lulu hat den Fall super gelöst.

Henriette Wich

Tipp
Seite 142

> altersgemäße Texte sinnverstehend lesen
> sich in eine Rolle hineinversetzen und sie gestalten

Die leise Luise

„Seite zweiunddreißig", sagt Frau Herzberg,
Luises Lehrerin.
„Wer will lesen?"
Luise meldet sich. „Ich!"

5   „Gut", sagt Frau Herzberg,
„dann fang mal an, Luise."
Luise liest vor.
„Sehr schön, Luise", sagt Frau Herzberg,
„aber du musst ein bisschen lauter lesen."

10   „Sonst versteht man nichts", sagt Kevin.
„Luise hat eine Leise-Schwäche", ruft Ludwig und lacht.
Die anderen Kinder lachen auch. Der Ludwig ist immer einer der
lautesten in der Klasse.
„Ha, ha", sagt Luise und wirft ihm einen verächtlichen Blick zu.

15   Er sagt das nur, weil er noch nicht so gut lesen kann. Es dauert ewig bei
ihm, bis er einen Satz fertig gelesen hat.
„Das ist nicht schlimm", hat Mama ihr mal erklärt. „Der Ludwig hat halt
eine Leseschwäche."

Frau Herzberg fragt den Ludwig, ob er nicht auch lesen will.

20   Mit so einem Ton in der Stimme, dass er schlecht Nein sagen kann.
Beim Lesen wird der Ludwig immer langsamer. Und beim Wort
Sportplatz liest er immer wieder Spotplatz. Alle lachen.
Luise auch. Selber doof, denkt sie sich und ist schon wieder bestens
gelaunt.

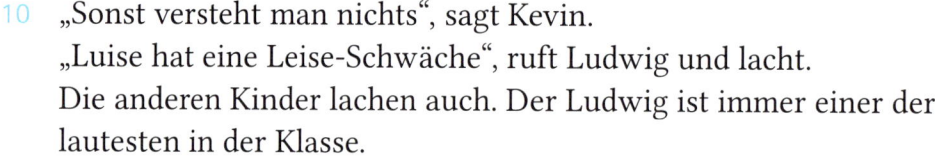

› Kinderliteratur kennen: Werke, Autoren und Autorinnen, Figuren,
Handlungen

25 Hinterher schämt sie sich ein bisschen, dass sie den Ludwig ausgelacht
hat. Luise hat eine Idee.
Am nächsten Tag geht sie in der Schule zum Ludwig hin.
„Tut mir leid, dass ich dich ausgelacht habe, gestern, als du gelesen hast",
sagt sie.

30 Luise sieht, dass er nicht weiß, was er sagen soll. Es ist ihm peinlich.
„Schon okay", nuschelt er und winkt ab.
„Kannst du mir helfen?", fragt Luise.
Der Ludwig schaut sie überrascht an. „Wieso?"
„Na ja, lauter zu sein", sagt Luise.

35 Der Ludwig lacht. „Okay, das ist einfach. Einfach nachmachen …"
Und dann brüllt er, so laut er kann: „Uaaaaah!"
Luise holt tief Luft: „Uaaaaah!", schreit sie, so laut sie kann.
„Das war schon mal nicht schlecht", grinst der Ludwig.
Luise lacht und schnauft.

40 „Und beim Lesen?", fragt sie.
Einen Moment lang stutzt der Ludwig. Aber dann zuckt er mit den
Schultern und sagt: „Da geht es genauso."
Er nimmt das Buch und liest Luise mit lauter Stimme vor – langsam,
aber flüssig und ohne Fehler. [verändert, gekürzt]

Renus Berbig

 **1** Für Luise und für Ludwig ist es wichtig, dass sie miteinander
gesprochen haben. Erkläre, warum.

 **2** Ludwig hat das Wort Leise-Schwäche erfunden.
Nenne Situationen, in denen das Leisesein eine Stärke ist und
nenne Situationen, in denen das Leisesein eine Schwäche ist.

› bei der Beschäftigung mit literarischen Texten Sensibilität und
Verständnis für Gedanken und Gefühle zeigen
› Perspektiven einnehmen

13

1 Lest das Gespräch mit verteilten Rollen. Betont die Sätze so, dass die Gefühle von Ida und Paul deutlich werden.

Ida, Paul und die fiesen Riesen aus der Dritten

Ida und Paul sind unterwegs zur Schule.

Ida: Hilfe!

Paul: Was ist los?

Ida: Du hast ja rosa Turnschuhe an. Das überlebst du nicht.

Paul: Warum?

Ida: Darum.

Paul: Warum darum?

Ida: Pass auf: Diese Schuhe kannst du nicht anhaben. Das sind Mädchenschuhe. Das überlebst du nicht.

Paul: Meinst du wirklich?

Ida: Ja. Auf dem Schulhof überlebst du mit diesen Schuhen keine zehn Minuten. Denk an King und Kong.

Paul: An wen?

Ida: Die zwei fiesen Riesen aus der Dritten. Ich finde, die könnten so heißen. Die, die gestern gebrüllt haben: Aus dem Weg, ihr Zwerge!

Paul: Du hast blaue Schuhe an. Tauschen wir?

Ida: Nein. Ich hasse Rosa.

Paul: Aber du bist doch ein Mädchen.

Ida: UND…?

Paul: Na ja, du hast selbst gesagt, es sind Mädchenschuhe.

Ida: Es sind Dödelschuhe, hab ich gemeint.

Paul: Ich habe Angst vor King und Kong.

Ida: Das hätte ich auch, wenn ich in deinen Schuhen stecken würde.
       Ich habe eine Idee. Hüpf doch dort drüben in die
       Schlammpfütze.

Paul: Ja! Ich mach die Schuhe dreckig. Kackbraun.
       Das ist keine Mädchenfarbe. Und auch keine Jungenfarbe.
       Nur eine fiese Alte-Knacker-Farbe.
       Der alte Knacker in der Würstchenbude hat nämlich so
       kackbraune Schuhe. Knackerkackbraune Schuhe. Klasse!
       [verändert, gekürzt]

Mikael Engström

Tipp
Seite 142

 **2** Was denkt ihr über das Problem und die Lösung mit der
Schlammpfütze? Tauscht euch aus.

 **3** Überlegt euch in Gruppen ein Rollenspiel zu einer anderen Lösung.
Spielt euch die Fortsetzungen vor.

› sich in eine Rolle hineinversetzen und sie gestalten
› Situationen in verschiedenen Spielformen szenisch entfalten
› Dialoge vortragen

Andere Länder, andere Sitten* beim Schenken

Bist du jemand, der es kaum abwarten kann, Geschenke auszupacken?
Dann hättest du es in *Japan* schwer.

Da darfst du ein Geschenk erst öffnen, wenn der Schenkende gegangen ist. So wirkst du bescheiden. Außerdem sieht der Schenkende nicht, wenn dir das Geschenk nicht gefällt.

Wenn Kinder eine Süßigkeit geschenkt bekommen, wollen wohl die meisten sofort mit dem Naschen beginnen.

In *Schweden* geht das nicht an jedem Tag.

Schwedische Kinder sollen nämlich nur am Samstag Süßigkeiten essen. Das gefällt bestimmt vielen Kindern nicht. Es gibt aber auch eine schöne Sitte*: Beim Einkaufen vor dem Wochenende dürfen sich die Kinder Samstagssüßigkeiten aussuchen. Das schwedische Wort für sie heißt Lördagsgodis.

 **1** Was bedeutet das Wort Sitte? Erkläre.

 **2** Erkläre das Wort Lördagsgodis.

 **3** Welche Sitten für Geburtstage kennt ihr?
Tauscht euch aus.

*Sitte → Eine Gewohnheit oder eine Regel, an die sich viele Menschen halten; sie hat sich im Laufe einer langen Zeit entwickelt.

Ich heiße Amir Adil al-Aziz. – Das ist dreimal gelogen!

Seit zwei Wochen lebe ich mit meiner Familie in Deutschland.
In meiner Heimat ist Krieg. Wir mussten fliehen. Wir waren viele
Wochen unterwegs.
Mein Name ist Amir Adil al-Aziz. – Das ist dreimal gelogen.

Suche dir einen der folgenden Texte aus und lies ihn.

Die erste Lüge

Ich heiße Amir. Amir bedeutet Prinz. Ha, ha.
Ein toller Prinz bin ich.
Mein Bett ist ein weißes Metallding mit Klappfüßen.
Es quietscht fürchterlich, wenn ich mich drauflege.
5   Neben meinem Bett steht das von meiner großen Schwester.
An der anderen Wand sind die Betten von Papa und Mama.
Und unten, auf einer Kinderbettmatratze, liegt mein kleiner Bruder.
(Okay, der liegt mir, dem Prinzen, zu Füßen. Das passt.)

Mein Prinzenzimmer ist so klein, dass für unseren
10   Koffer und die Taschen kein Platz mehr ist.
Die stehen deshalb im Flur.

Die zweite Lüge

Mein zweiter Vorname ist Adil. Adil bedeutet Gerechtigkeit.
Da kann man nur lachen.
Was ist denn hier gerecht? Hier wohnen wir so eng wie in
einem Hühnerstall.
5 In Damaskus* hatten wir ein großes Haus für uns allein!

„Sei froh, dass wir nicht im Zelt wohnen wie so viele andere!",
sagt Mama jedes Mal, wenn sie merkt, dass ich mich ärgere.
Okay, das stimmt.

Trotzdem finde ich es ungerecht, dass ich kein eigenes Zimmer
10 mehr habe. Ich wette, dass die allermeisten deutschen Kinder
ein Zimmer für sich alleine haben.

„Denk an das Boot", sagt Mama. „Das war acht Meter lang,
und wir waren mehr als 70 Leute, die sich da gedrängt haben.
Ohne Betten, ohne Stühle."
15 Warum ist in Syrien Krieg, und in Deutschland ist keiner?
Sind die Leute hier besser?
Oder haben sie einfach mehr Glück?

*Damaskus Hauptstadt von Syrien

Die dritte Lüge

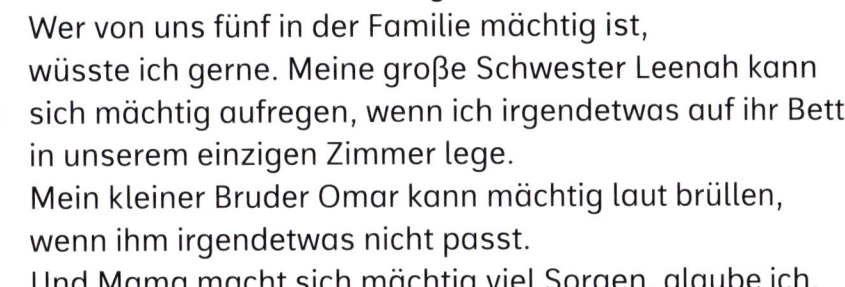

Unsere Familie heißt al-Aziz.
Al-Aziz bedeutet der Mächtige.
Wer von uns fünf in der Familie mächtig ist,
wüsste ich gerne. Meine große Schwester Leenah kann
5   sich mächtig aufregen, wenn ich irgendetwas auf ihr Bett
in unserem einzigen Zimmer lege.
Mein kleiner Bruder Omar kann mächtig laut brüllen,
wenn ihm irgendetwas nicht passt.
Und Mama macht sich mächtig viel Sorgen, glaube ich.

10   Und Papa ... ja, dem würde es wahrscheinlich am meisten
Spaß machen, mächtig zu sein. Papa will am liebsten
jeden Tag Sachen regeln und irgendwas entscheiden.
„Heute gehe ich zum Amt, und dann wissen wir, wie es
mit uns weitergeht!" Und dann geht er zu der Frau, die
15   nur knapp über die Papierstapel guckt. Die sagt immer
dasselbe: „Sie müssen Geduld haben, Herr al-Aziz.
Das dauert noch etwas. Ich kann Ihnen nichts versprechen."
Wenn Papa das hört, schrumpft er richtig. – Toller Herr Mächtig!

Und ich selbst? Wenn ich auf dem Bett liege und so tue,
20   als würde ich lesen, träume ich manchmal davon,
mächtig zu sein.
Bis Leenah kreischt: „Du hast mit deinen Socken mein Bett
berührt!" Dann ist Schluss mit meinem Traum. [verändert, gekürzt]

Hanna Schott

 **1**   Berichtet, was ihr über Amir erfahrt.

 **2**   Was bedeutet die Überschrift? Erklärt die drei Lügen.

 **3**   Wovon träumt Amir? Vermutet.

› zentrale Aussagen des Textes erfassen und wiedergeben
› bei der Beschäftigung mit literarischen Texten Sensibilität und
  Verständnis für Gedanken und Gefühle zeigen

Lena hat nur Fußball im Kopf

Mama: Also, damit muss jetzt aber Schluss sein!
Sechzehn Aufgaben falsch von fünfundzwanzig!

Lena: Ja, leider, Mama.
Frau Schröder sagt, es war eine schwere Arbeit.

Mama: Schwer! Das kleine Einmaleins!
Das habt ihr schon im letzten Jahr gemacht.
Und da glaubst du immer noch, drei mal vier ist vierzehn.

Lena: Jetzt glaub ich das nicht mehr. Jetzt weiß ich das richtig.
Die Arbeit war ja schon am Freitag.

Mama: Na, das ist doch tröstlich! Dass du es jetzt wenigstens weißt!
Jetzt wird mehr geübt, liebes Fräulein!
Und nicht so viel gedödelt!
Du bist schließlich neun Jahre alt.

Lena: Mhm, bin ich.

Mama: Das üben wir jetzt, bis es klappt.

Lena: Ja, machen wir, Mama.
Aber jetzt hab ich Training.
Heute Abend üben wir das.

Mama: Zum Training? Wo du Mathe üben sollst?
Du denkst immer nur an Fußball!
Das wird jetzt mal anders, mein Kind! Der Fußball wird bis
Weihnachten auf dich verzichten müssen! [verändert, gekürzt]

Kirsten Boie

Ich will dich heut nicht sehen

Ich will dich heut nicht sehen
und sag dir ins Gesicht:
Ich will dich heut nicht sehen.
Ich mag dich heute nicht.

Ich kann dich heut nicht riechen,
du machst dich nicht beliebt.
Mach bitte eine Fliege,
bevor es Ärger gibt.

Ich möchte heut allein sein
und sag dir ins Gesicht:
Ich hab heut schlechte Laune
und mag mich selber nicht.

Ich will dich heut nicht sehen.
Ich weiß, das klingt gemein.
Doch ich kann heute leider nicht
auf Knopfdruck lustig sein.

Hast du mal schlechte Laune,
dann kann ich dich verstehn.
Und spätestens heut Abend
möcht ich dich wiedersehn.

Bernhard Lins

› altersgemäße Texte flüssig lesen

Achte beim Zuhören darauf, warum Jean-Charles
eine neue Sprache erfindet.

Ich Tarzan – du Nickless!

Jean-Charles lebt mit seinen Eltern in Frankreich.
Er erzählt vom Urlaub in Deutschland:

Es war unser erster Abend auf dem Zeltplatz in Deutschland.
Eine blonde Frau kam mit einem Jungen an unserem Zelt vorbei, mit dem
Geschirr vom Abendessen in zwei Waschschüsseln. Die Frau sah uns an,
lächelte und sagte etwas. „Bonsoir!", riefen Papa und Mama im Chor.

5 Der Junge warf uns einen Blick zu. Er war in meinem Alter,
wahrscheinlich ein Deutscher.
„Jean-Charles, frag ihn doch, ob er mit dir Fußball spielen will", sagte meine
Mutter. Ich zuckte mit den Schultern, gab meinem Ball einen Tritt und bewegte
mich Richtung Nachbarzelt. Der Junge schien auf mich gewartet zu haben.

10 Ich schoss. Er hielt den Ball ohne Anstrengung.

Das Spiel begann. Nach zehn Minuten hatte ich vergessen, dass wir uns gar
nicht kannten – und hatte großen Spaß. Der Junge stoppte den Ball mit dem
Fuß, schlug sich mit der Faust auf die Brust und rief: „Nickless!" oder
so ähnlich. Ich begriff, dass er sich vorstellte.

15 Also schlug ich mir auch auf die Brust
und rief zum Spaß: „Ich, Tarzan!"
Der Junge wiederholte ernsthaft:
„Ichtazan." Er wiederholte ein zweites Mal:
„Ich-ta-zan", langsam und deutlich.

20 Wir setzten uns ins Gras.
Mein Freund Nickless pflückte eine Blume
und sagte etwas, was sich wie „flo" oder „flao" oder vielleicht „flowör" anhörte.
Ich sprach es nach aus Höflichkeit. Dann machte er ein Zeichen mit der Hand,
dass ich das Wort für Blume in meiner Sprache sagen sollte.

25 Weiß der Teufel, was plötzlich mit mir los war. Ich fand es langweilig, eine
Blume „Blume" zu nennen. Ich wusste ja, dass es das richtige Wort dafür war.
Also sagte ich „Sprott". Nickless wiederholte: „Sprott."
Ich schüttelte den Kopf, um ihm klarzumachen, dass er das Wort nicht richtig
ausgesprochen hatte. „Spro-hott. Spro-hott."

› lebendige Vorstellungen beim Hören literarischer Texte entwickeln

30 Nickless sprach das Wort perfekt aus.
„Ich kam in Fahrt und deutete auf einen Baum: „Traboim!"
„Traboim", sagte Nickless. Er fasst noch mal zusammen: „Sprohott,
Traboim!" Ich applaudierte. Dann zeigte ich auf unser Zelt: „Schrappatt."
„Schrappatt", wiederholte Nickless brav.

35 Nachdem ich ihm zehn solcher Worte genannt hatte, wurde ich unsicher,
denn ich befürchtete, sie durcheinanderzubringen. Zumal Nickless ein
Gedächtnis wie ein Elefant hatte. Ich rannte zu unserem Zelt und rief:
„Ichtazan Schrappatt…" Das bedeutete logischerweise, dass ich mich zum
Sprung in mein Zelt bereit machte. Nickless verstand mich genau.

40 Ziemlich überdreht stand ich vor meinen Eltern. „Hat es Spaß gemacht?",
fragte mich Papa. „Ja! Ich muss nur schnell ein paar Wörter aufschreiben",
rief ich und schnappte mir ein Heft. „Deutsche Wörter?", fragte mein Vater.
„Nein", rief ich beim Hinausgehen, „holländische! Nickless ist Holländer."
Ich war begeistert von diesem Einfall. Am darauffolgenden Nachmittag
45 hatte ich bereits sechs Seiten im Heft mit meinem
französisch-„holländischen" Wortschatz gefüllt.

Am Abend konnten wir uns fast
ein bisschen unterhalten.
Ich sagte: „Ichtazan gabumm wullass."
50 Das bedeutete: „Ichtazan liebt das Meer."
Nickless stimmte mir voller Inbrunst bei:
„Nickless gabumm wullass." [verändert, gekürzt]

Marie-Aude Murail

 **1** Erzähle, warum Jean-Charles eine neue Sprache erfindet.

 **2** Was bedeuten die Wörter *Sprott* und *Schrappatt*? Übersetze.

 **3** Hast du dich schon mal mit einem Kind unterhalten,
dessen Sprache du nicht konntest? Berichte.

Was für ein Forscher!

Lehrerin: An welchem Thema arbeiten wir gerade?

Lucy: Dinosaurier!

Lehrerin: Richtig! Es gibt Menschen, die Dinosaurier erforschen.
Wie nennt man diese Menschen?

Lucy: Das sind Paläontologen!

Lehrerin: Super, das ist richtig!
Was genau tut denn so ein Forscher?

Es klopft. Henri betritt das Klassenzimmer.

Henri: Entschuldigung! Ich habe verschlafen!

Lehrerin: Setz dich, Henri! Dann pass jetzt aber
gut auf! Und ihr anderen beantwortet
bitte meine Frage von eben.

Lucy: Er sucht nach Knochen.

Lehrerin: Das kann man so sagen.

Anton: Dafür braucht er eine richtige Spürnase.

Lehrerin: Auch das ist richtig.

Ali: Wenn er weiß, wo die Knochen sind, gräbt er sie aus.

Lehrerin: Stimmt!

Henri: Ich weiß auch noch etwas!

Lehrerin: Ach ja?

Henri: Er hebt beim Pinkeln das Bein!

Lehrerin: Wie bitte? Wie kommst du denn darauf?

Henri: Er mag Knochen, hat eine gute Nase und buddelt im Sand.

Lehrerin: Ja und?

Henri: Na ja, wir reden doch über Hunde, oder nicht? [verändert, gekürzt]

Astrid Grabe

 **1** Lest den Text mit verteilten Rollen.
Führt den Sketch* auf.

*Sketch → kurze gespielte Szene, die lustig endet

Tipp
Seite 142

› sich in eine Rolle hineinversetzen und sie gestalten
› handelnd mit Texten umgehen: inszenieren
› verschiedene Textsorten kennen und unterscheiden: Sketch

Streit

Maras große Schwester Beril hat Streit mit ihrer Freundin Sofie.
Sie haben laut auf dem Schulhof und beim Handball gestritten und
abends streiten sie über ihre Smartphones weiter.
Beril liest eine neue Nachricht von Sofie und ist total wütend.
Schnell tippt sie ihre Antwort und versendet sie.
Sie liest Mara etwas aus dem Chat* vor.　　Sprich: Tschätt
Uiii, die beschimpfen sich ja ordentlich.
Beril ist besonders sauer darüber, dass Sofie die Nachrichten noch
an andere Freundinnen weitergeleitet hat. Die wissen jetzt alles über
den Streit. Der geht doch eigentlich nur Sofie und sie selbst etwas an.

Nett im Internet

Menschen sollen auch im Internet freundlich und respektvoll
miteinander umgehen. Es wäre gut, wenn sich alle Internetnutzer
an Regeln halten würden, wie zum Beispiel:

- erst lesen, dann in Ruhe nachdenken, dann schreiben
- nur im persönlichen Gespräch streiten, nicht online
- nicht über andere lästern　　Sprich: onlein
- höflich sein
- nichts Persönliches weiterleiten

Aber leider gibt es keine festen Regeln, die für alle gelten.

 **1** Gegen welche Regeln aus dem Kasten verstoßen Beril und Sofie?
Suche Beispiele in der Geschichte.

 **2** Beril will sich wieder mit Sofie vertragen. Sie schreibt ihr eine Nachricht.
Überlege, was in der Nachricht stehen könnte. Schreibe sie auf.

 *Chat → Unterhaltung im Internet, bei der
man sich Nachrichten schreibt
oder Sprachnachrichten schickt*

› mit digitalen Medien kritisch umgehen

Geheimsprachen

Erbsensprache

Bei der Erbsensprache wird an jeden Konsonanten -erbse
und an jeden Vokal -rbse angehängt: **L**erbse **u**rbse **p**erbse **e**rbse

Zum Üben: Merbse urbse nerbse derbse

Werbse arbse nerbse nerbse
terbse rerbse erbse ferbse ferbse erbse nerbse
werbse irbse rerbse   urbse nerbse serbse?

Bebe-Sprache

Bei der Bebe-Sprache wird hinter jeden Vokal ein b gesetzt
und der gleiche Vokal noch einmal angehängt.

Lubu **pe**be

Zum Üben:
Haband, Nabasebe

Wibir trebeffeben
ubuns ubum
dreibei Ubuhr!

a	⇒	aba
e	⇒	ebe
i	⇒	ibi
o	⇒	obo
u	⇒	ubu
ä	⇒	äbä
ö	⇒	öbö
ü	⇒	übü
au	⇒	aubau
ei	⇒	eibei
eu	⇒	eubeu
äu	⇒	äubäu

Treffen sich ein Erbsensprachler
und ein Bebe-Sprachler ...

„Herbse arbse lerbse lerbse orbse!"

„Haballobo! Schöbön, dibich zubu sebeheben!"

 **1** Lies vor und übersetze.

› mit Sprache experimentell und spielerisch umgehen

Detektivwissen üben + überprüfen

Mit verteilten Rollen lesen
Das konntet ihr auf den Seiten 10/11, 14/15 und 24 üben.
Hier könnt ihr zu zweit weiterüben und überprüfen, ob ihr es könnt.

Theaterprobe

Frau Holm: Wie ärgerlich! Jetzt ist schon die zweite Probe in der Theater-AG gewesen, in der du deinen Text nicht konntest, Umut. Hast du mit dem Lernen noch gar nicht angefangen?

Umut: Ich habe jeden Tag geübt. Wirklich, Frau Holm! Ich kriege den Text einfach nicht in meinen Kopf.

Frau Holm: Wie hast du deine Rolle denn geübt?

Umut: Ich habe mir den Text immer wieder leise durchgelesen. Aber mein Gedächtnis ist wie ein Sieb. Der Text flutscht durch die Löcher. Nichts bleibt hängen.

Frau Holm: Ich gebe dir ein paar Tipps. Dann klappt es bestimmt besser mit dem Lernen. Lies deinen Text laut. Du kannst deine Textstellen auch abschreiben.

Umut: Puh, da habe ich aber viel zu tun. Alles abschreiben. Daran sitze ich ja Stunden.

Frau Holm: Der wichtigste Tipp ist, sich den Text in Portionen einzuteilen. Alles auf einmal kannst du nicht üben. Komm, wir machen zusammen einen Plan. Dann kannst du bei der nächsten Probe bestimmt schon die ersten zwei Szenen auswendig mitspielen.

Umut: Die anderen werden staunen.

1 Lest das Gespräch mit verteilten Rollen. Betont die Sätze so, dass die Gefühle von Umut und Frau Holm deutlich werden.

2 Schätzt euch gegenseitig ein. Notiert.   **Tipp Seite 142**

› sich in eine Rolle hineinversetzen und sie gestalten
› sich und andere kompetenzorientiert einschätzen

Kapitel 2
essen – bewegen – genießen

Affenzahn

roll
roll
rollero
rollero di hollero
schwung – schwung – schwung – schwung
rollero di hollero
rallera fidirallalla
schwung – schwung – schwung – schwung
roll
roll
rollero
rollero di holl ...
b r e ms!!!
quietsch
Einkauf: Matsch

Elisabeth Steinkellner

Was ist gelb, krumm und schwimmt auf dem Wasser?

Was ist schwarz-weiß und hüpft von Eisscholle zu Eisscholle?

Ein Springuin

Eine Schwanane

Jörg Mühle, Moni Port

Leos Lieblingskekse

Du brauchst:
  50 g Butter
150 g kernige Haferflocken
  80 g Zucker
   3 EL Backkakao
   4 EL Milch

1. Gib die Butter, die Haferflocken und den Zucker in einen Topf.
2. Röste die Haferflocken dort bei geringer Hitze langsam goldbraun.
3. Gib die Milch und den Kakao hinzu.
4. Rühre die Masse, bis die Flüssigkeit aufgesogen ist.
5. Setze mit 2 Teelöffeln kleine Häufchen auf einen Teller.

Rätsel um Olli

Zu Hause bei Umut klingelt das Telefon.
„Ich geh ran!", ruft Umut und rennt vom zweiten Stock
nach unten. Als Detektiv muss man immer fit sein.
Als Umut abhebt, hört er eine atemlose, helle Stimme:

5 „Olli ist weg!"
Umut kombiniert blitzschnell. Das ist Jonas, 5 Jahre, von nebenan.
Er hat ein Kaninchen, das Olli heißt.
Umut fragt: „Soll ich dir helfen, Olli wiederzufinden?"
„Ja!", ruft Jonas. „Du bist doch Deketiv."

10 Umut grinst. „Richtig, aber es heißt De-tek-tiv. Gib mir zehn Minuten."
Umut ruft seine Freunde an.

Bald sind alle da: Lulu, Elsa und Paul.
Sie gehen zum Nachbarhaus und klingeln.
Jonas' Bruder Tim macht auf.

15 Er fragt: „Wollt ihr meinen neuesten Zaubertrick sehen?"
„Später", sagt Elsa.
Da kommt auch schon Jonas angerannt.

Paul fragt: „Wo war denn dein Kaninchen zuletzt?"
Jonas führt sie ins Wohnzimmer zum Stall.

20 Im Häuschen ist Olli nicht und im Freilauf auch nicht.
Umut entdeckt einen Zettel neben dem Stall. Darauf steht:
Jeden Montag saubermachen. Nach dem Füttern Tür zumachen.
Lulu zeigt auf die offene Tür. „Olli ist ausgebüxt.
Er muss irgendwo im Haus sein."

25 Da kommt Tim herein und legt einen schwarzen Hut aufs Sofa.
„Wollt ihr jetzt meinen Zaubertrick sehen?"
„Später", sagt Umut.
Team LUPE sucht im ganzen Haus.
Elsa und Umut rennen in den zweiten Stock.

30 Lulu sucht im ersten Stock.
Und Paul saust mit seinem Rolli durch den Garten.
Er kommt mit einem Büschel Löwenzahn zurück und hat eine Idee.
Die Detektive legen eine Spur aus Löwenzahn,
die zum Stall führt. Dann warten sie.

35 Plötzlich zeigt Elsa auf den schwarzen Hut.
„Jetzt weiß ich, wo Olli ist!"
Der schwarze Hut bewegt sich. Er kippt um,
und ein braunes Kaninchen krabbelt heraus.
Es schnuppert, springt auf den Teppich und schnappt

40 sich einen Löwenzahn.
„Olli!", jubelt Jonas. „Da bist du ja!"
Tim grinst. „Mein neuer Zaubertrick. Cool, oder?"
Das findet Jonas gar nicht.
Und Lulu runzelt die Stirn.

45 „Noch cooler wäre es, wenn du ein Plüschtier wegzauberst!"
„Geht klar", sagt Tim.

Henriette Wich

Mein Lotta-Leben

FREITAG, DER 12. JULI

menno. Jetzt hab ich schon <u>fast eine Woche</u> lang ganz viel Englisch gehört und gesprochen und trotzdem verstehe ich immer noch nur die Hälfte. Dabei haben wir als Thema in der Sprachschule momentan **TIERE** und das finde ich ja total interessant.

Heute zum Beispiel haben wir über Tiere in Freiheit und Tiere in Gefangenschaft gesprochen. Und ich wollte erzählen, wie schön ich es finde, dass auf der **Isle of Sheepy** alle **SCHAFE** frei rumlaufen dürfen.

Aber die meisten aus unserem Kurs haben mich gar nicht so richtig verstanden.

› Bedeutung von fremdsprachl. Wörtern im Kontext erschließen

Egal. Dafür sind Cheyenne und ich schon voll die
KLETTERPROFIS! Wir können nämlich:

😁 unsere
Ausrüstung
anlegen

⭐ in zehn Metern
Höhe über Seile
balancieren

⭐ von einer
Plattform
zur nächsten
hüpfen

› Texte und Bilder sinnverstehend lesen
› Kinderliteratur kennen: Werke, Autoren und Autorinnen, Figuren,
Handlungen

⭐ über Spinnennetze klettern

⭐ und wie Tarzan von Baum zu Baum schwingen!

„Wenn ich zu Hause bin, will ich in einen Kletterverein", hab ich Cheyenne erzählt, als ich nach der Stunde meine Ausrüstung abgelegt hab.

Dann hab ich endlich ein richtiges **Hobby!** Eins, das viel cooler ist als Blockflötespielen!

Helmhaare →

Au ja, ich auch!

← Helmhaare

😄 Cheyenne war sofort Feuer und Flamme.

Alice Pantermüller, Daniela Kohl

 1 Erzähle, was die Kletterprofis Lotta und Cheyenne können.

› Bedeutung von fremdsprachl. Wörtern im Kontext erschließen
› verschiedene Textsorten kennen und unterscheiden: Comicroman

34

Wilma Rudolph

Als Kind ist Wilma an der „Kinderlähmung" erkrankt, denn eine Impfung gegen diese Krankheit war noch nicht erfunden. Viele Kinder bekamen früher diese Krankheit, eines von ihnen war Wilma. Anschließend war ihr linkes Bein gelähmt.

5 „Sie wird bestimmt nicht mehr laufen können", sagte ihr Arzt.
„Du wirst wieder laufen, das verspreche ich dir", sagte ihre Mutter. Jeden Tag fuhr die Mutter mit ihr zur Therapie in die Stadt. Wilma lernte, an Krücken zu laufen. Manchmal, wenn Wilmas Eltern nicht zu Hause waren, übte sie, ohne Krücken zu gehen. Das war nicht leicht,
10 aber mit der Zeit wurde Wilma kräftiger.
Als sie neun war, wurde wahr, was ihre Mutter ihr versprochen hatte: Wilma konnte wieder ohne Hilfe laufen. Sie liebte es, zu springen und zu laufen, und bald gehörte sie zum Leichtathletik-Team ihrer Schule. Wilma nahm oft an Wettkämpfen teil und gewann sehr häufig.
15 „Ich weiß selbst nicht, warum ich so schnell bin", sagte sie. „Ich renne einfach." Zur großen Freude ihrer Familie und ihres Landes wurde Wilma die schnellste Frau der Welt.
Bei den Olympischen Spielen von 1960 brach sie gleich drei Weltrekorde.
20 Der Schlüssel zum Gewinn, sagte Wilma oft, liege in der Fähigkeit zu verlieren.
„Niemand gewinnt jedes Mal. Aber wenn man nach einer herben Niederlage schnell wieder aufsteht und beim nächsten Mal
25 wieder gewinnt, gehört man eines Tages zur Spitze." [verändert, gekürzt]

Elena Favilli, Francesca Cavallo

1 Was erfährst du über Wilma? Berichte.

2 Wilma meint: „Der Schlüssel zum Gewinn liegt in der Fähigkeit zu verlieren." Erkläre mit eigenen Worten.

› zentrale Aussagen eines Textes wiedergeben
› verschiedene Textsorten kennen und unterscheiden: Sachtext
› symbolische Aussagen verstehen

Dreimal Kakao

Schmeckt

Haferflocken
Zucker
Wasser
und dazu Kakao
5 umgerührt in einer Tasse
schmeckt wie
Gelb und Blau
schmeckt nach Trösten
schmeckt nach Streicheln
10 schmeckt nach Mamas Sachen
schmeckt nach einer letzten Träne
und dem ersten Lachen

Jutta Richter

Der geheime Kakaoklau

Das Waisenhaus lag versteckt am Ende der Straße.
Die Bewohner des kleinen Städtchens nannten das alte Haus nur
„die Schokoladenvilla", denn hier wurde seit jeher Schokolade
hergestellt. Amanda lebte in der Schokoladenvilla, seit sie denken
5 konnte. Früher hatte sie sich in den düsteren Korridoren gefürchtet
und hinter jeder Ecke ein Gespenst vermutet. Inzwischen glaubte sie
nicht mehr an Geister und fürchtete sich nur noch vor den
Wutanfällen der Direktorin Fieswurz. Amanda seufzte. Im nächsten
Moment sah sie, wie sich ihr Freund Fiete über einen Bottich beugte.
10 „Nein!", rief Amanda, doch es war zu spät. Blitzschnell hielt Fiete den
Zeigefinger in den Behälter und leckte ihn ab. „Mmh!" Er schloss
genießerisch die Augen. „WAS FÄLLT DIR EIN?" Fiete zuckte
zusammen und Amandas Magen krampfte sich zusammen.
Noch bevor sie sich umdrehte, wusste sie wer hinter ihnen stand.

Maja von Vogel

Kakao

Der Kakaobaum blüht und trägt das ganze Jahr über Früchte.
Am besten erntet man die Früchte mit großen scharfen Messern
zwischen Oktober und März.
Wenn die Kakaofrüchte reif sind, lösen sich die Samen.
5 Deshalb kann man beim Schütteln der Frucht ein Geräusch hören.
Die Samen werden Kakaobohnen genannt. Sie müssen sofort
nach der Ernte aus der Frucht genommen werden, da sie sonst
wieder keimen und für den Kakao unbrauchbar sind. Anschließend
werden die Kakaobohnen in der Sonne getrocknet.
10 Es gibt verschiedene Sorten, von schwarzbraunen bis sehr
hellbraunen Bohnen. Die größten Mengen Kakao werden heute
in Afrika angebaut. Von dort kommen die Kakaobohnen
nach Europa in die Schokoladenfabrik. Dort werden sie dann
gereinigt, geröstet und gemahlen.

15 Jede Schokoladenfirma hat ihre eigenen Rezepte, um aus
dem Kakaopulver die verschiedenen Sorten herzustellen.
Meist kommen noch Zucker, Sahne, Milch und Gewürze hinzu.

Oft wird gesagt, dass Kakao dick macht
und ungesund ist. Das wird er erst,
20 wenn man zu viel Zucker dazugibt.
Roher Kakao enthält Nährstoffe,
die wichtig für den Körper sind.

 **1** Ordne die Begriffe den Texten zu. Begründe.

| Sachtext | Erzähltext | Gedicht |

**Tipp
Seite 144**

› verschiedene Textsorten kennen und unterscheiden: Gedicht,
Erzähltext, Sachtext

Fabeln

Suche dir einen Text aus und lies ihn.

 **1** ### Der Hund und das Wasser

Ein Hund lief durch einen Fluss und hatte
ein Stück Fleisch im Maul. Er schaute ins Wasser.
Dort spiegelte sich das Fleisch.
Gierig schnappte er danach. Als er aber sein
5 Maul weit öffnete, fiel das Stück Fleisch heraus
und das Wasser trug es weg.

Zu viel Gier tut nicht gut.

 **2** ### Vom Raben und Fuchs

Ein Rabe hatte einen Käse gestohlen, setzte sich
auf einen hohen Baum und wollte ihn fressen.
Ein Fuchs hörte ihn über dem Käse kecken*,
lief hinzu und sprach: „O Rabe, ich habe noch nie
5 einen schöneren Vogel gesehen als dich.
Und wenn du genauso schön singen könntest,
wie du aussiehst, so sollte man dich zum König krönen
über alle Vögel."
Der Rabe fühlte sich geschmeichelt durch die Worte
10 des Fuchses. Er fing an und wollte seinen schönsten
Gesang hören lassen. Und als er den Schnabel öffnete,
fiel der Käse herunter.

Den nahm der Fuchs, fraß ihn und lachte über den dummen Raben.

Wer auf Schmeicheleien hört, kann leicht überlistet werden.

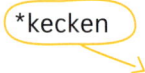 *kecken

kreischen, laut schreien

 **3** ## Der Affe als Schiedsrichter

Ein Hund und ein Fuchs erblickten gleichzeitig eine schöne
große Wurst, die jemand verloren hatte. Nachdem sie eine Weile
unentschieden darum gekämpft hatten, kamen sie überein,
mit der Beute zum klugen Affen zu gehen. Er sollte entscheiden,
5 wem die Wurst gehört.
Der Affe hörte die beiden Streitenden aufmerksam an. Dann fällte
er mit gerunzelter Stirn das Urteil: „Die Sachlage ist klar. Jedem
von euch gehört genau die halbe Wurst!" Damit zerbrach der Affe
die Wurst und legte die beiden Teile auf eine Waage. Das eine Stück
10 war schwerer. Also biss er hier einen guten Happen ab. Nun wog er
die Stücke von neuem.
Da senkte sich die andere Schale; happ-schnapp, kürzte er auch
diesen Teil. Waren die beiden Hälften jetzt gleich groß? Nein! Jetzt
musste er bei der ersten Hälfte wieder etwas abbeißen.
15 So mühte der Affe sich weiterhin, jedem sein Recht zu schaffen.
Die Enden wurden immer kleiner und die Augen von Hund
und Fuchs immer größer. Schließlich war der Rest verschlungen.

Mit eingeklemmten Ruten schlichen Hund und Fuchs in verbissener
Wut davon. In gehöriger Entfernung fielen sie übereinander her
20 und zerzausten sich.

Wenn zwei sich streiten, freut sich der Dritte.

 **1** Erzählt euch gegenseitig, was die Tiere erleben.

 **2** Was kann man durch die Geschichte lernen? Erzähle.

› verschiedene Textsorten kennen und unterscheiden: Fabel
› Texte mit eigenen Worten wiedergeben

Wie kann man übers Wasser laufen, ohne sofort abzusaufen?

So:
Nimm Primelfett und Puddingkraut,
zwei Kilo feinste Fliegenhaut,
drei Liter Gold und Himbeertran,
5 ein Walfischhaar und einen Zahn
von einer Hummel und tu das
zusammen in ein Silberglas.

Das Ganze lass nun fünf, sechs Wochen
auf kleingestellter Flamme kochen,
10 wobei man ständig schreien muss.

Sodann gieß alles in den Fluss,
den Bach, den Tümpel oder Teich,
auf dem du gehen willst, und sogleich
trägt dich das Wasser wie ein Brett.

15 So weit, so gut. Ach ja, ich hätt'
fast ganz vergessen, zu betonen,
dass all die Mühen sich kaum lohnen,
wenn man zum Beispiel schwimmen kann.

Du kannst nicht schwimmen?
20 Dann mal ran!

Robert Gernhardt

› altersgemäße Texte flüssig lesen

Schwimmen

Der Löwe, ich sag euch, er geht nicht gern baden,
im Wasser da steht er nur bis zu den Waden.
Er wäscht sich zuweilen den Hals und die Mähne,
geschwommen wird nie: „Das ist was für Schwäne!"

5   Die Löwin, die Schöne, liest einen Roman
und sieht es nicht kommen, das Wasser steigt an!
Ihr Hügel wird schnell eine Insel im See.
Das rauschende Wasser – geschmolzener Schnee.

„Zu Hilfe! Mein Löwe, so rette mich doch!
10 Denn wenn ich hier bleibe – ertrinke ich noch!"

„Nun mach doch und hilf ihr!" So rufen die Stimmen.
Der Löwe – er will ja, nur er kann nicht schwimmen.

„Schwimmen ist einfach." Der Frosch kennt sich aus.
„Spring rein und tauch rüber, dann hol sie da raus."

15 Die Ente sagt: „Den rechten Fuß so, den linken Fuß so,
den Kopf über Wasser und hoch mit dem Po."

Auch ein fliegendes Tier kennt die Straße zum Sieg.
„Wenn schwimmen nicht geht, ach Löwe, dann flieg!"

Der Löwe denkt laut:
20 „Was ich brauch sind Flossen,
was ich brauch ist ein Boot,
ich brauch ein Flugzeug,
für die Liebste in Not.
Ich brauch eine Brücke, Feuer und Zunder,
25 ich glaub, ich brauch ein richtiges Wunder."

Martin Baltscheit

› altersgemäße Texte flüssig lesen

Achte beim Zuhören darauf, was Theo auf der Insel passiert.

Theo und das Geheimnis des schwarzen Raben

Theo kniff die Augen zusammen und schaute zu dieser Wunderinsel, die von türkisblauem Wasser umsäumt war. Die Sonne glitzerte auf den Wellen, und nach einer Weile war Theo vom Rudern so warm, dass er seine Jacke ausziehen musste. Der Sand knirschte auf dem Bootsrumpf,
5 als sie den Strand erreichten. Er zog die Schuhe aus, ließ die Füße ins klare Wasser gleiten, zog das Boot an Land und sah sich staunend um. Ein Trampelpfad führte zwischen gewaltigen Stämmen hindurch ins Innere des Urwalds und das Sonnenlicht warf Schattenmuster auf den Boden. Sein Magen meldete sich mit einem gefährlichen Grummeln.
10 Er hatte Hunger. Wehmütig dachte er an die Frittenbude neben seiner Schule. Eine saftige Currywurst mit einer großen Portion Pommes wäre jetzt genau das Richtige. Und danach sein Lieblingseis von der Eisdiele um die Ecke. Theo seufzte.
Das alles war unendlich weit weg.
15 Aus den Augenwinkeln bemerkte er plötzlich eine leichte Bewegung. Eine orange-gelbe Blüte, die an einem der Bäumchen in seiner Nähe hing, begann sich langsam aufzublähen. Ob das Ding gleich explodierte? Das Bäumchen war eher ein Busch mit vielen zarten gelb-orangen Blüten. Eine davon wurde immer größer und größer. Bald hatte sie die Größe einer
20 Männerhand erreicht und begann, mit einem leisen Plopp ihre Blätter zu entfalten.
Theo konnte nicht erkennen, was da genau passierte, aber etwas schien aus dem Innern des Kelches zu wachsen. Hoffentlich war das keine fleischfressende Pflanze, fuhr es ihm durch den Kopf.
25 Die Blüte hatte sich inzwischen vollständig geöffnet und etwas Rotbraunes wurde im Innern ihres Kelches erkennbar. Es roch betörend – nein, das war unmöglich – nach Currywurst! Da nichts weiter geschah, ging Theo vorsichtig ein paar Schritte auf den Baum zu. Es handelte sich eindeutig um Currywurst. Eine Currywurst mit Pommes! Theo sah sich
30 vorsichtig um. War das ein Trick oder ein Scherz, den sich jemand mit ihm erlaubte? Doch es war niemand zu sehen.

› lebendige Vorstellungen beim Hören literarischer Texte entwickeln

Es duftete unglaublich gut und wie von selbst griff seine Hand
nach einem Stückchen Wurst.

Wohlig schloss er die Augen – so eine gute Currywurst hatte er in seinem
35 ganzen Leben noch nie gegessen! Er nahm eine Pommes, die ebenfalls köstlich
schmeckte. Außen knusprig, innen weich und nur leicht gesalzen.

Theo musste noch einmal zugreifen. Und dann noch einmal. Und dann noch
einmal.

Kaum hatte er Wurst und Pommes verspeist, öffnete sich eine zweite Blüte.

40 Ein Becher mit Schokoeis und bunten Streuseln schob sich
langsam aus der Mitte des Kelches.

Woher wusste die Pflanze, dass das Theos
Lieblingseis war?

Der Zweig, an dem die Blüte
45 mit Eis hing, neigte sich,
als würde er eine elegante
Verbeugung machen,
und diesmal zögerte
Theo nicht.

50 Was für eine unglaubliche Insel er doch entdeckt hatte! Ein bisschen stolz war er
schon. Er hatte tatsächlich das Paradies gefunden! Theo war glücklich auf dieser
herrlichen Insel, auf der es alles gab, was man sich nur wünschte. Von den
Essenswunschbäumen bekam er jederzeit leckere Sachen – Schokokuchen,
Hamburger, Brathühnchen, Crêpes, worauf immer er gerade Lust hatte. Und
55 jeder Wunsch wurde sofort erfüllt. [verändert, gekürzt]

Ute Krause

 **1** Berichte von Theos Erlebnissen auf der Insel.

 **2** Was ist das Besondere an den orange-gelben Blüten? Erzähle.

 **3** Was ist mit dem Satz gemeint: *Er hatte tatsächlich das Paradies gefunden*. Erkläre mit eigenen Worten.

 **4** Was wäre für dich das Paradies? Erzähle, schreibe oder male.

› Inhalte zuhörend verstehen
› Aussagen mit Textstellen belegen
› gezielt einzelne Informationen suchen

43

Monster mögen Marmelade

Monster mögen Marmelade,
Monster mögen Currywurst,
Monster mögen Schokolade,
Apfelschorle für den Durst.
5 Monster mögen auch gern Schnecken,
altes Butterbrotpapier,
Stinkesocken, Mücken, Zecken
und gehacktes Trampeltier.
Monster mögen Bandwurmnudel,
10 ranzig-altes Schweinefett,
Spinnen, Kakerlakenstrudel,
Mäusekötel, Madenmett.
Monster fressen auch Zylinder,
niemals aber, nie und nie,
15 niemals fressen Monster Kinder.
„Kinder?", schrein die Monster. „Ihhh!"
„Kinder!", schrein sie.
„Bäh, wie eklig!
Kotz und würg! Igittigitt!
20 Grässlich! Widerlich! Unsäglich!
Das verdirbt den Appetit!"
Darum, wenn unter deinem Bett,
des Nachts die Monster lungern,
bring ihnen Wurst und Madenmett
25 und Stinkesock und Schweinefett,
damit sie nicht verhungern.

Andrea Schomburg

› verschiedene Textsorten kennen und unterscheiden: Gedicht
› lebendige Vorstellungen beim Hören literarischer Texte
entwickeln

Was sind Medien?

„Wisst ihr schon das Neueste?", ruft Paul über den Schulhof seinen Freunden zu. „Mein Lieblingsclub hat einen neuen Trainer. Ich habe es heute Morgen im **Radio** gehört."

„Das weiß ich schon seit gestern. Mein Papa hat es aus dem **Internet** erfahren", antwortet Hanna. Und Elias erzählt über die Gründe des Trainerwechsels, die er aus der **Zeitung** erfahren hat.

Paul, Hanna und Elias haben ihre Informationen aus Medien.

Aber was sind eigentlich Medien?

Das Wort **Medium** bedeutet übersetzt „Mitte".
Medien stehen immer in der Mitte zwischen einem „Sender" und einem „Empfänger".

Medium

z. B.:
Radio
Internet
Zeitung
Buch
Computer
Fernseher
Smartphone

Sender

Empfänger

Du kannst dich direkt mit einem anderen Menschen unterhalten. Wenn jedoch eine Person weit weg ist, brauchst du dafür ein Hilfsmittel – also ein Medium.

1 Welche Medien benutzt du für welchen Zweck? Erzähle.

› die Vielfalt der Medienerzeugnisse kennen
› digitale Medien nutzen

Wandelnde Wörter

Wie kommt die Sonne zur Tante?

Sonne
Wonne
Tonne
Tanne
Tante

Und wie kommen die Keime in die Zeile?

Keime
Reime
Reise
— — — —
— — — —
Zeile

Wohin geht die Ziege, wenn sie sehr hungrig ist?

Ziege
— — — — —
— — — — —

Wie kommt der Hahn sehr schnell auf den Zaun?

Hahn
— — —
Zaun

› mit Sprache experimentell und spielerisch umgehen
› sprachliche Operationen nutzen

Detektivwissen üben + überprüfen

Textsorten vergleichen
Das konntest du auf den Seiten 36/37 üben.
Hier kannst du weiterüben und überprüfen, ob du es kannst:

Sommerhitze

Über Wasser, unter Wasser!
Nur recht kräftig Luft
geschnappt.
Ja, sogar vom Brett
zu springen,
hat heut endlich mal geklappt.

Morgen gehen wir
wieder baden –
und der Winter ist so weit!
Sonnenschein und
Wasserplanschen!
Herrlich ist die Ferienzeit!

Christel Süßmann

Elsa und Uno

Heute hat Elsa hitzefrei und geht nach der Schule schnell nach Hause. Sobald sie die Haustür öffnet, kommt Uno angerannt, bellt und wedelt freudig mit dem Schwanz. „Hallo Uno", ruft sie. „Ist dir auch so heiß wie mir? Ich packe nur schnell meine Badesachen ein und dann gehen wir gemeinsam zum See. Da treffen wir die anderen und wir können uns im Wasser erfrischen."

Das Schwimmabzeichen Bronze

Das Schwimmabzeichen in Bronze ist ein Nachweis über sicheres Schwimmen. Um das Schwimmabzeichen zu erlangen, muss man eine Prüfung machen. Für die theoretische Prüfung benötigt man eine gute Kenntnis der Baderegeln.

 **1** Ordne die Texte zu und schreibe die Überschrift auf.
Schätze dich ein und notiere.

 Sachtext · Gedicht · Erzähltext

Tipp
Seite 144

› verschiedene Textsorten kennen und unterscheiden: Gedicht, Sachtext, Erzähltext
› sich selbst kompetenzorientiert einschätzen

Kapitel 3

beobachten – verstehen – schützen

Das Faultier, Entdecker der Langsamkeit

Das Faultier fand es uncharmant,
als man es Faultier hat genannt.
„Zwar bin ich langsam, das ist richtig,
doch bin ich äußerst lebenstüchtig.
Ihr solltet Langsamtier mich nennen!"
So sprach das Langsamtier, jedoch
es sprach so langsam, wie es kroch.
Man konnte keinen Sinn erkennen
in Silben, welche Jahre trennen ...
Drum heißt es Faultier heute noch.

Christian Engelken

Vergangenheit

MEER MEER MEER MEER MEER MEER MEER MEER

FISCH MEER FISCHFISCH MEER MEER MEER MEER

FISCHFISCHFISCHFISCHFISCH MEER MEER MEER

FISCHFISCHFISCHFISCHFISCH MEER MEER MEER

FISCH MEER FISCHFISCH MEER MEER MEER MEER

MEER MEER MEER MEER MEER MEER MEER MEER

Gegenwart

MEER MÜLL MÜLL MÜLL MÜLL MÜLL MEER MÜLL

MÜLL MEER MÜLL MÜLL MEER MÜLL MÜLL MÜLL

MÜLL FISCH MÜLL MÜLL MÜLL MÜLL MÜLL MEER

MÜLL MÜLL MEER MÜLL MEER MÜLL MEER MÜLL

MÜLL MÜLL MÜLL FISCH MÜLL MÜLL MÜLL MÜLL

MEER MÜLL MÜLL MÜLL MÜLL MÜLL MEER MÜLL

MÜLL FISCH MÜLL MEER MÜLL MÜLL MÜLL MEER

› sich an Gesprächen beteiligen
› mit anderen über Texte sprechen
› verschiedene Textsorten kennen: visuelle Texte

49

Team LUPE räumt auf

Lulu atmet tief durch. Die Luft im Wald ist so toll.
Die letzten Meter rennt Lulu, weil sie es kaum erwarten kann.
Geschafft! Sie ist auf dem Waldspielplatz.
Elsa, Paul und Umut sind bestimmt auch gleich da.

5   Lulu setzt sich auf die große Schaukel zwischen den Buchen.
Sie schaukelt fast bis zum Himmel hinauf.
Von oben sieht sie plötzlich, was hier gar nicht hingehört:
Plastikflaschen, Tüten und Dosen.
Da kommen ihre Freunde. Lulu springt von der Schaukel.

10 „Hier liegt total viel Müll herum!"
Paul hebt eine Plastiktüte auf. „Wisst ihr, wie lange es dauert,
bis die zerfällt? 20 bis 100 Jahre. Das haben wir neulich
im Lesebuch gelesen."
„Und die Leute werfen einfach alles auf den Boden", schimpft Elsa.

15 „Sie könnten es wenigstens in die Mülleimer tun."
Umut ballt die Fäuste. „Denen werden wir es zeigen."
„Ja", sagt Paul. „Kommt, wir räumen hier mal gründlich auf."

Elsa wohnt ganz in der Nähe. Sie holt einen Müllsack.
Dann machen sie sich an die Arbeit. Sie heben alles auf

20 und stopfen es in den Sack. Nach einer Stunde sind sie fertig
und klatschen sich ab.
Lulu ist noch nicht zufrieden. „Wetten, dass bald wieder
jemand kommt und was wegwirft?"
Paul seufzt. „Das ist blöd, aber da kann man nichts machen."

25 „Von wegen!", sagt Umut. „Mir fällt gerade was ein."
Er winkt seine Freunde zu sich her und flüstert ihnen
ins Ohr. Elsa, Paul und Lulu finden Umuts Idee toll.
Lulu und Paul verstecken sich im Gebüsch.
Elsa und Umut klettern ins Baumhaus.

30 Sie sind ganz still und warten.

Da kommen drei Jungs. Sie haben Coladosen dabei
und setzen sich auf die Wackelbrücke. Sie trinken die Cola aus
und werfen ihre Dosen weg.
„Huhuu!", heult es plötzlich von oben. „Tut das nicht.
35 Blitz und Donner werden euch treffen!"
Ein Junge ruft laut: „Wer ist denn da? Kommt raus, ihr Wichte!"
„Huhu!", heult es von oben und unten. „Wir sind die Waldgeister.
Hebt sofort eure Dosen auf!"
Die Jungs lachen. Sie suchen kurz,
40 aber dann wird es ihnen zu doof. Einer nimmt seine Dose mit.
Die anderen lassen ihre Dosen liegen und gehen.

Umut und Elsa klettern vom Baumhaus herunter.
Umut sagt stolz: „Einer ist besser als keiner."
„Die Idee war nicht schlecht", findet Paul.
45 Lulu hebt die zwei Dosen auf. „Und das Pfand gehört auch uns!"
„Was machen wir mit dem Müllsack?", fragt Umut.
„Den bringt meine Mama zum Wertstoffhof", sagt Elsa.
„Aber eigentlich ist es zu schade, alles wegzuwerfen.
Wir könnten aus ein paar Sachen was basteln."
50 Paul fischt einen Milchkarton aus dem Sack.
„Ich weiß auch schon was! Daraus machen wir ein Periskop
für unseren Detektivclub. Wir setzen einen Spiegel schräg ein,
und schon können wir um die Ecke sehen!"
Umut fragt: „Peri-was?"
55 „Ein Pe-ris-kop", sagt Paul.
„Kommt mit zu Elsa,
da erkläre ich es euch."

Henriette Wich

Das Faultier

Einatmen, ausatmen. Einatmen, ausatmen.
Das Faultier schläft. Sssssst. Es hängt mit seinen Krallen
umgekehrt an einem Ast. Wie eine haarige Hängematte.
Wenn der Urwald drum herum wach wird, döst das
5 Faultier weiter.
Und wenn der Urwald wieder schlafen geht, duselt
das Faultier noch immer vor sich hin.

Ab und zu öffnet es die Augen. Mit langem Arm
greift es ein Blatt und noch eines und kaut, kaut, kaut.
10 Bis es wieder ein einschzzzzzzzzzzzzzzzzzzzzzzzzz.

Das Faultier hängt in einem Baum und kommt
beinah nie herunter. Zum Glück, denn es kann
nicht mal laufen, sondern nur ein bisschen kriechen.
Es schleppt seinen Körper über den Boden. Mit einer Geschwindigkeit
15 von einem Meter pro Stunde ist es langsamer als eine Schnecke.

Aber manchmal muss es doch von seinem Baum. Dann lässt es sich
rutschend sacken. Das Faultier kackt nämlich auf dem Boden.
Und da es nicht sein ganzes Leben auf dem Weg sein will von oben
nach unten und wieder zurück, kackt es nur ganz selten.
20 Einmal alle zehn Tage, und das ist schon anstrengend genug.
Faultiere sehen aus wie Kuscheltiere. Man möchte sie am liebsten vom
Baum pflücken, sie mit ins warme Bett nehmen und schlafen, schlafen,
schzzzzzzz. [verändert, gekürzt]

Bibi Dumon Tak

1 Warum und wie oft muss ein Faultier von seinem Baum?
Zeige die Zeilen.

2 Was findest du am Faultier besonders?
Erzähle einem Partnerkind.

3 Ordne jedem Abschnitt eine Zwischenüberschrift zu.

Tipp
Seite 146

› Kinderliteratur kennen: Werke, Autoren und Autorinnen, Figuren,
Handlungen
› gezielt einzelne Informationen suchen

Der Mauersegler

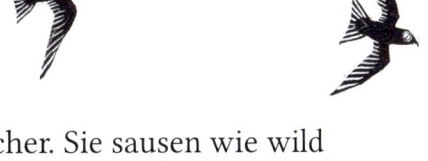

SRIE, SRIE, SRIE, hörst du sie?
SRIE, SRIE, SRIE, siehst du sie?
Sie schießen wie Torpedos über die Dächer. Sie sausen wie wild
gewordene Düsenjäger durch die Luft. Das flinke Vögelchen kommt mit
5 einer Geschwindigkeit von einhundertzwanzig Kilometern pro Stunde
aus Afrika angeflogen, um unter unserem Dach ein Nest zu bauen.

Das Fliegen bedeutet nur eine kleine Anstrengung für sie, denn
Mauersegler sind die besten Flieger der Welt. Sie machen nichts anderes.
Sie fliegen Tag und Nacht. Sobald sie das Nest verlassen, sind sie weg.
10 Ab diesem Zeitpunkt bleiben sie für immer
in der Luft. Für immer!
Das sind echt Luftakrobaten.
Hunger? Schnabel auf, quer durch eine
Wolke Mücken jagen und schlucken.
15 Durst? Schnabel auf, haarscharf übers
Wasser segeln und schlürfen.
Müde? Warten, bis es dunkel wird.
Ein paar Kilometer nach oben fliegen
und auf einem Bett aus warmer Luft,
20 das langsam nach oben treibt, einschlafen.

Nur für ein Nest kommen sie auf die Erde. Für ihre Jungen setzen sie
ihre Beine kurz auf den Boden. Nun ja, auf den Boden ... Sie kriechen
unter das Dach, dicht unter den Wolken, so dass es doch noch
aussieht, als schwebten sie ein wenig. [verändert, gekürzt]

Bibi Dumon Tak

 **1** Warum sind die Mauersegler die besten Flieger der Welt? Erzähle.

 **2** Finde eine Zwischenüberschrift für jeden Abschnitt.

 **3** Recherchiere im Internet zum Mauersegler.
Welche Informationen findest du noch? Erzähle.

Tipp
Seite 146

› Aussagen mit Textstellen belegen
› Informationen im Internet suchen
› Verstehenshilfen anwenden: Texte zerlegen

Verzichten oder ersetzen?

Suche dir einen der folgenden Texte aus und lies ihn.

 ### Abgefüllt!

Zisch! Du schraubst den Deckel von deiner **Plastikflasche** ab.
Den Inhalt gießt du in ein Glas. Köstlich schmeckt diese Limo!
Und was passiert mit der Flasche? Auf der Flasche liest du
EINWEG. Das bedeutet, dass die Plastikflasche nicht
5 wiederverwendet werden kann.
Sie wird nur ein einziges Mal benutzt.
Aha, denkst du dir. Für diese Flasche gibt es also nur *einen* Weg.

Deshalb müssen viele neue Flaschen produziert* werden.
Viele neue Flaschen bedeuten aber auch viel Müll.

10 Bis eine Plastikflasche nicht mehr da ist, dauert das etwa
450 Jahre!

Und was kannst du tun? Es gibt zwei Möglichkeiten:

Verzichten oder ersetzen.

Auf EINWEG-Flaschen kannst du verzichten.
15 Du kannst eine Einweg-Flasche durch eine
eigene Trinkflasche ersetzen.
Kaufe ansonsten Getränke, die in
MEHRWEG-Flaschen angeboten werden.
Diese Flaschen können mehrmals
20 befüllt werden.

*produziert

Produzieren bedeutet herstellen.

Abgepackt!

Herrlich sieht dieser Apfel aus. Da muss ich gleich reinbeißen, denkst du dir. Aber du befindest dich nicht auf einer Obstwiese, sondern in einem Supermarkt. Und da musst du den Apfel erst bezahlen. Klar. Also nimmst du den Apfel und eine kleine

5 **Plastiktüte**, um ihn einzupacken.

Das ist doch nur *eine* Plastiktüte, wirst du sagen. Das ist doch nicht so schlimm. Da hast du recht! Wenn es nur eine *einzige* Plastiktüte gäbe,

10 müsste man sich keine Gedanken machen. Aber Achtung, ich sage dir jetzt mal eine Zahl, damit du das Problem verstehst.

In Deutschland werden jede Minute ungefähr 4.500 Mülltüten

15 verbraucht. Also, während der Zeit, in der du diesen Text liest, werden 8.000 Mülltüten verbraucht. Die Mülltüten benötigen etwa 20 bis 100 Jahre, bis sie zerfallen.

Die Plastiktüte, die du heute wegwirfst, wird also noch da sein, wenn du Kinder hast. Und dann haben deine Kinder mit dem vielen Müll ein

20 Problem. Denn die Plastiktüten gelangen in die Natur und verunreinigen vor allem Flüsse und das Meer.

Und was kannst du dagegen tun? Es gibt zwei Möglichkeiten:

Verzichten oder ersetzen.

Auf Plastiktüten kannst du verzichten. Viele Dinge müssen nicht

25 zusätzlich eingepackt werden. Leckere Äpfel haben eine Schale. Das ist eine ganz natürliche Verpackung, die du sogar auch essen kannst. Wenn man doch mal mehr Dinge hat, kann man Plastiktüten durch andere Taschen oder einen Rucksack ersetzen.

Ausgeschlürft!

Er ist blau. Er ist grün. Er ist rot.
Die Rede ist vom **Strohhalm**. Aber die meisten Strohhalme
bestehen nicht mehr aus Stroh, sondern aus Kunststoff.
Und das ist ein echtes Problem.

5 Wenn du dein Getränk mit einem Strohhalm austrinkst,
benötigst du vielleicht eine Minute. Dann schmeißt du den
Halm weg und er liegt im Müll. Weißt du, wie viel Zeit es
braucht, bis ein Plastik-Strohhalm auf einem Müllhaufen
in kleine Plastikteile zerfällt und dann nicht mehr da ist?
10 Man schätzt, dass es etwa 300 bis 500 Jahre dauert, bis
das Plastik abgebaut ist. Abgebaut heißt, dass ein Stoff
in kleine Teile zerfallen ist.
Diese kleinen Teile zerfallen dann wieder in kleine Teile.
So lange, bis von den kleinen Teilen nichts mehr übrig ist.
15 Wenn du also heute einen Strohhalm benutzt und
wegschmeißt, wird der im Jahr 2119 immer noch da sein.
Und auch noch im Jahr 2229.
Ach, wirst du vielleicht sagen, das ist doch nur ein
einzelner Strohhalm. Der kann ja wohl keinen Schaden anrichten!
20 Da hast du recht. Wenn es nur einen *einzigen* Strohhalm gäbe,
müsste man sich keine Gedanken machen.
Aber pass mal auf. Ich sage dir jetzt eine Zahl. Die ist so groß, dass
man sie gar nicht begreifen kann. In Deutschland werden in jedem
Jahr etwa *40 Milliarden* Strohhalme verbraucht. Wenn man sie
25 hintereinanderlegt, ist das etwa 20-mal die Strecke von der Erde zum
Mond. Ganz schön viel Müll für einen kurzen Trinkgenuss!

Und was kannst du tun? Es gibt zwei Möglichkeiten:
Verzichten oder ersetzen.
Du kannst auf den Trinkhalm verzichten.
30 Weil der Plastikmüll reduziert werden soll, haben Deutschland
und andere europäische Länder bereits auf den Plastik-Strohhalm
verzichtet. In anderen Ländern darf er aber immer noch

verkauft werden. Aber mal ehrlich: Wer braucht schon einen Strohhalm? Wenn du ihn wirklich brauchst, kannst du einen
35 Strohhalm durch anderes Material ersetzen. Es gibt ihn zum Beispiel aus Papier, Glas oder aus Bambus.

So lange bleibt der Müll im Meer

450 Jahre Plastikflasche

2 – 4 Wochen Papiertaschentuch

10 – 20 Jahre Plastiktüte

2 Monate Kerngehäuse Apfel

50 Jahre Styroporbecher

450 Jahre Wegwerfwindel

600 Jahre Angelschnur

200 Jahre Getränkedose

3 Monate Tetrapak

6 Wochen Tageszeitung

1 Tausche dich in der Gruppe über den Text aus. Was war neu für dich? Was wusstest du bereits?

2 Verzichten oder ersetzen? Beschreibe die zwei Möglichkeiten, die im Text beschrieben werden.

3 Besprecht gemeinsam die Übersicht und findet weitere Informationen.

Ella und das Abenteuer im Wald

„Viel Spaß in der Wildnis!", rief die Frau des Lehrers. Dann fuhr sie davon, und obwohl der Motor aufheulte, konnten wir sie lachen hören. Die Frau unseres Lehrers ist auch Lehrerin und hat echt Humor. „Na, toll!", sagte der Lehrer, während er dem Auto

5 nachschaute, und wir waren ganz seiner Meinung. Es war wirklich toll, dass wir auch in den Ferien alle zusammen waren.
Oder jedenfalls für eine Woche. So lange sollte das Naturcamp nämlich dauern.

Gleich nach dem Abmarsch schlug der Lehrer einen Pfad in den

10 Wald ein, und wir folgten ihm. Zuerst konnten wir außer dem Wasser, das in dem Felsenteich zur Ruhe kam, nichts erkennen. Aber dann bewegte sich was. Zwischen den Wurzeln eines Baums, der an der Uferböschung wuchs.
Wir sahen einen kleinen Kopf mit einem langen Schnurrbart und

15 schwarzen Knopfaugen, die genau in unsere Richtung schauten. Dann verschwand das Tier, zu dem der Kopf gehörte, im Ufergras, aber nur, um sich Sekunden später auf den Uferfelsen zu zeigen.

Es war vielleicht einen halben Meter lang und hatte einen noch mal halb so langen Schwanz. Sein Fell war bräunlich grau, und

20 es hatte eine niedliche Schnauze und eng anliegende Öhrchen. Jetzt blieb es stehen, schnupperte in die Luft und schaute wachsam um sich. Dann quiekte es so schrill, dass es wie ein Pfeifen klang, und schon kamen drei kleinere Tiere mit Schnurrbärten über die Felsen gewuselt. Sie bremsten kurz vorm Wasser ab, warfen dem

25 großen Tier einen fragenden Blick zu und tauchten erst dann in den Felsenteich. Ganz klar, es handelte sich um eine Mutter mit ihren Kindern. Aber was für Tiere waren das?
Wir sahen einander fragend an.
„Wasserhörnchen", vermutete Mika.

30 „Felsenrobben", meinte Hanna.
„Erdmännchen?", fragte Pekka.
„Lutra lutra", sagte Timo, der gerade
die Nase in eins seiner Bücher steckte.

› Kinderliteratur kennen: Werke, Autoren und Autorinnen, Figuren, Handlungen

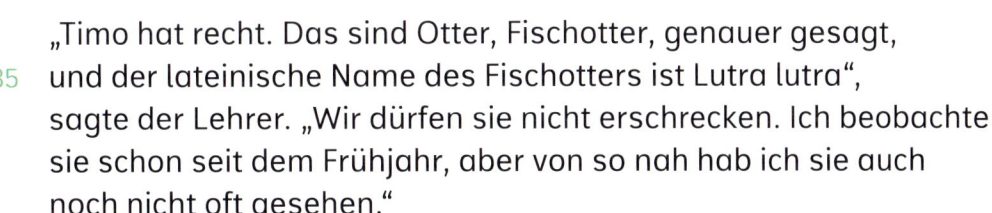

35 „Timo hat recht. Das sind Otter, Fischotter, genauer gesagt,
und der lateinische Name des Fischotters ist Lutra lutra",
sagte der Lehrer. „Wir dürfen sie nicht erschrecken. Ich beobachte
sie schon seit dem Frühjahr, aber von so nah hab ich sie auch
noch nicht oft gesehen."
Genau da tauchten die drei abgetauchten kleinen Otter wieder

40 auf, und zwei davon hatten jeder einen winzigen Fisch in den
Pfoten. Die beiden drehten sich auf den Rücken und ließen sich
im Wasser treiben, während der dritte versuchte, ihnen die Fische
abzujagen. Erst als das nicht klappte, tauchte er noch mal ab
und fing sich selber einen.

45 Die Mutter blieb die ganze Zeit auf den Felsen am Ufer,
schnupperte in alle Richtungen und behielt alles
um sich herum und ihre Kleinen im Auge.
Ihre Jungen trieben jetzt zu dritt auf dem Rücken
und verspeisten genüsslich ihre Fische.

50 „Wie mein Vater", flüsterte Pekka.
„Seit wann ist der ein Otter?", wunderte ich mich.
„Überhaupt nicht, Quatschtüte", flüsterte Pekka.
„Aber er futtert auch gern im Liegen."

[verändert, gekürzt]

Timo Parvela

 **1** Der Text enthält viele Informationen über den Fischotter. Schreibe sie auf.

 **2** Welche Stelle im Text gefällt dir besonders? Lies vor und begründe.

 **3** Wähle einen Abschnitt aus dem Text und schreibe dazu
eine passende Überschrift auf einen Zettel.

**Tipp
Seite 146**

› zentrale Aussagen eines Textes erfassen und wiedergeben
› zu Texten Stellung nehmen und mit anderen über Texte
sprechen

59

Aufgeräumt

Im Wald, da wohnte ein fleißiger Dachs,
der liebte die Ordnung und putzte schnurstracks.

Er stutzte die Blumen, schnitt alles fort,
was in Form oder Farbe nicht passte zum Ort.

5 Er ordnete striegelnd dem Fuchs das Fell,
entfernte Knoten und Kletten blitzschnell.

Er putzte die Vögel, ob groß oder klein,
er schrubbte die Schnäbel, ließ Schaumbäder ein.

Er wischt jedes Zweiglein vom Boden wie Staub,
10 polierte die Steine und saugte das Laub.

Und wenn ein Blatt herunterfiel,
las er es auf mitsamt dem Stiel.

Doch selbst als die Bäume kahl und leer,
blieb trotzdem unzufrieden er.

15 Weshalb er beschloss eine Mammuttat,
wie es niemals zuvor sie gegeben hat.

Er riss dem Wald die Bäume aus.

Keine Blätter, kein Stamm,
kein Chaos, kein Schlamm.

20 „Alles schön sauber, jetzt noch Beton und Asphalt",
dachte der Dachs. „Welch ein herrlicher Wald." [gekürzt]

Emily Gravett

Schwarzes Gold

Die Natur kennt keinen Müll. Egal, ob auf dem Land, im Wasser oder in der Luft: Was „abfällt", wird bereits sehnsüchtig erwartet. Es ist Nahrung für zahlreiche Lebewesen und Pflanzen.

5 So wird alles Teil eines Kreislaufs, in dem auch der kleinste Rest seine Verwendung findet. Besonders gut lässt sich das in einem Wald beobachten.

Dort landet während eines Jahres eine ganze Menge auf dem Boden: abgestorbene Bäume, morsche Äste, Rindenstücke, dürres Laub, Tannenzapfen und Baumfrüchte wie Bucheckern 10 oder Eicheln. Von Tierkacke und Tierkadavern ganz zu schweigen.

Eigentlich müsste der Waldboden meterhoch damit bedeckt sein. Ist er aber nicht! Denn der Wald räumt sich sozusagen selbst auf. Frei nach dem Motto „vorne rein, hinten raus". Wildschweine, 15 Dachse und Füchse kümmern sich ums Grobe. Pilze und Bakterien übernehmen die Feinarbeit.

Schritt für Schritt wird alles verdaut und in krümelige Erde verwandelt: Humus. Er wird zu Recht „schwarzes Gold" genannt, weil er besonders nährstoffreich ist und den Bäumen beim 20 Wachsen hilft. [verändert, gekürzt]

Melanie Laibl

Achte beim Zuhören darauf, worüber sich die Tiere beschweren.

Willibarts Wald

Willibart war ein Holzfäller und lebte in einer Blockhütte am Waldrand.
Er hatte große, breite Schultern und einen noch größeren Rauschebart.
Jeden Morgen nach dem Aufstehen machte er seine Morgengymnastik.
Denn Morgengymnastik macht man am besten morgens. Nach einem
5 ordentlichen Frühstück mit Pfannkuchen und Ahornsirup schwang Willibald
seine große, treue Axt über seine großen, breiten Schultern und ging in den
Wald.
HACK – HACKE – HACK schallte Willibarts Axt durchs Tal, während er einen
Baum nach dem anderen fällte. Und nach einem langen Tag voller Schwingen,
10 Schlagen, Spalten und Hacken ging Willibart zurück zu seiner Hütte. Am
Abend, als er gerade ins Bett gehen wollte, machte es TOCK – TOCKE – TOCK
an der Tür. Vor Willibart stand ein kleiner, sehr wütender Vogel. „Ich hatte mir
so ein schönes, neues Nest in meinem Baum gebaut", quietschte der Vogel, „und
du hast ihn einfach gefällt!" Willibart kratzte sich das Kinn unter seinem großen
15 Rauschebart. Da kam ihm eine Idee. „Wenn du magst, kannst du in meinem Bart
wohnen", schlug er vor. „Abgemacht!", sagte der Vogel und flog hinein.
Am nächsten Morgen wachte Willibart früher auf als sonst, denn schon vor
Sonnenaufgang fing der Vogel an zu zwitschern. Willibart machte seine
Morgengymnastik, zog sich an und aß sein Frühstück. Heute sollten die Äste
20 von den Baumstämmen gebrochen und dann verbrannt werden. Und nach
einem Tag voller Reißen, Knicken, Brennen und Knistern trottete Willibart
zurück zu seiner Hütte und freute sich auf seine wohlverdiente Ruhe.
Da hörte er ein Geräusch an der Tür:
KRATZ – KRATZE – KRATZ. Vor Willibart stand ein ziemlich ärgerliches
25 Stachelschwein. „He! Ich brauchte die Zweige und Nadeln für meinen
gemütlichen Bau. Wo soll ich jetzt bitte hin?" Willibart dachte nach und kratzte
sich das Kinn unter seinem großen Rauschebart. „Nun denn", sagte er, „wenn du
magst, kannst du auch in meinem Bart wohnen." Er beugte sich runter und das
Stachelschwein krabbelte hinein.
30 Am nächsten Morgen sah Willibart in den Spiegel und kratzte sich das Kinn
unter seinem großen Rauschebart. AAAAUUUAA! In seiner Hand steckten
Stacheln vom Stachelschwein und sein Herd war voller Vogeldreck.
Heute musste Willi die Baumstämme den Fluss hinunter zum Holzlager

› lebendige Vorstellungen beim Hören literarischer Texte
entwickeln

treiben lassen. Nach einem langen Tag voller Schleppen, Rollen,
35 Spritzen und Krachen wankte Willibart müde zurück zu seiner Hütte.
KLATSCH – KLATSCHE – KLATSCH machte es an der Tür. Vor ihm stand ein
wirklich zorniger Biber. „Den ganzen Tag habe ich an meinem schönen, neuen
Damm gearbeitet, aber die Baumstämme, die du ins Wasser geworfen hast, haben
ihn komplett zerstört!", knurrte er. Ohne ein Wort zu sagen, hob Willibart den
40 Biber hoch und setzte ihn in seinen Bart. In dieser Nacht schlief Willibart kaum.
Der Vogel zwitscherte, das Stachelschwein piekte, und der Biber klatschte seinen
Schwanz hin und her. „Jetzt reicht's!", rief Willibart. „Das halte ich nicht länger
aus! Ihr zieht alle aus, und zwar heute!"
„Aber wo sollen wir dann wohnen?", fragten seine Freunde entsetzt.
45 Als Willibart sich das Kinn unter seinem großen Rauschebart kratzte, kam ihm
eine brillante Idee. Er rasierte seinen Bart ab und dann legte er ihn auf die
Terrasse. Der Vogel, das Stachelschwein und der Biber zogen in ihre neue,
gemütliche Höhle ein. In dieser Nacht schlief Willibart besser als je zuvor.
Er wachte auf, machte besonders gründlich seine Morgengymnastik und zog ein
50 frisch gebügeltes Hemd an. Nach dem Frühstück stand Willibart am Fenster und
sah auf die kahle Erde, wo mal der Wald gewesen war.
Und als er sich sein ungewöhnlich kahles Stoppelkinn
kratzte, kam ihm noch eine brillante Idee: Willibart
nahm seine Schaufel, ging hinaus und grub ein Loch
55 nach dem anderen … und mit seinen großen Händen
pflanzte er einen Baum nach dem anderen.
Mit der Zeit wuchs sein Bart wieder nach.
Die Bäume brauchten etwas länger.
Aber das Warten lohnte sich. [verändert, gekürzt]

Duncan Beedie

 **1** Tragt zusammen, worüber sich die Tiere beschweren.

 **2** Warum müssen die Tiere aus Willibarts Bart ausziehen? Erzähle.

 **3** Willibart benötigt die Bäume. Die Tiere benötigen die Bäume.
Wer hat ein Recht auf die Bäume? Diskutiert.

› Inhalte zuhörend verstehen
› mit anderen über Texte sprechen
› Perspektiven einnehmen

Das Aquarium bleibt heute geschlossen

Der Hecht
  fühlt sich schlecht

Der Butt
  ist kaputt

Die Flunder
  kaum gesunder

Der Aal
  ist grippal

Die Forelle
  hat 'ne Delle

Der Dorsch
  fühlt sich morsch

Der Hummer
  hat schwer Kummer

Der Lachs
  hat'n Knacks

Der Rochen
  hat gebrochen

Der Hai
  stöhnt „Auwei!"

Den Barsch
  juckt's an den Flossen

Aquarium heute
  geschlossen!

Michael Augustin

› Lesefreude empfinden

Recherchieren im Internet

Hallo Elsa, ich will gern mehr über das Faultier wissen. Wo kann ich das im Internet finden?

Hallo Paul, du willst also recherchieren!

Was ist recherchieren?

Recherchieren nennt man es, wenn man eine Sache ganz genau wissen will und deshalb alles liest und anschaut, was man dazu finden kann: in Büchern, in Zeitungen und auch im Internet.

Ach so! Und wie kann ich im Internet recherchieren?

Zwei bekannte Suchmaschinen für Kinder im Internet sind: „Blinde Kuh" und „Frag Finn".

So geht es:

→ Starte im Computer einen Internet-Browser.

→ Dann kannst du eine Suchmaschine starten, indem du die Adresse eintippst, z. B. *www.blinde-kuh.de* oder *www.fragfinn.de*.

→ In der Suchmaschine kannst du dann unter „Suche" einen oder mehrere Begriffe eingeben, z. B. „Faultier".

→ Die Suchmaschine filtert alle Internetseiten nach deiner Anfrage und zeigt dir die Ergebnisse an.

› Informationen im Internet suchen
› Angebote im Netz kennen, nutzen und begründet auswählen

UNTER DER **LUPE**

Zoologie

Der Löwe ist ein Raubtier.
Der Laubfrosch ist ein Laubtier.
Das Nilpferd ist ein Schnaubtier.

Der Käfer ist ein Staubtier.
Der Holzwurm ist ein Schraubtier.
Das Einhorn ist ein Glaubtier.

Wolf Harranth

 **1** Überlege dir, was ein Tier frisst oder wo es wohnt oder was es macht. Finde einen Namen für das Tier.

Die Spinne baut ein Netz. – Die Spinne ist ein Netztier.

Bericht aus der Natur

Nachdem mich die verflixte, ekelhafte Wespe
unter dem Birnbaum am Waldrand
in den Hintern gestochen hatte,
machte ich einen großen Satz,

der lautete so:

Nachdem mich die verflixte, ekelhafte Wespe
unter dem Birnbaum am Waldrand
in den Hintern gestochen hatte,
machte ich einen großen Satz.

Hans Manz

 **2** Das Wort „Satz" hat mehrere Bedeutungen.
Klärt die Bedeutungen.

› mit Sprache experimentell und spielerisch umgehen

Zwischenüberschriften finden
Das konntest du auf den Seiten 52, 53 und 58/59 üben.
Hier kannst du weiterüben und überprüfen, ob du es kannst.

Der Wald – ein Schutz für unser Leben

- -

Der Wald ist das Zuhause für viele unterschiedliche Tiere und
Pflanzen. Die Hälfte aller an Land lebenden Tiere und Pflanzen leben
im Wald. Verschwindet der Wald, verschwinden auch sie.

- -

Das hätte schwerwiegende Folgen für das Leben der Menschen.
Sie brauchen Sauerstoff zum Leben. Und der kommt aus den
Pflanzen. Die Pflanzen nehmen mit ihren Blättern das Kohlendioxid
(entsteht zum Beispiel durch Autoabgase) aus der Luft auf.
Mithilfe des Sonnenlichtes machen sie aus Wasser und
Kohlendioxid etwas Neues – nämlich Sauerstoff. Also produziert
der Wald jeden Tag neue gesunde Luft zum Atmen.

- -

Außerdem ist der Wald ein riesiger Speicher. Wenn es regnet,
saugt der Waldboden das Regenwasser wie ein Schwamm auf.
Auf seinem langsamen Weg durch den Boden wird das Wasser
gefiltert und gereinigt. Schließlich gelangt es als reines
Trinkwasser in Bäche, Quellen und ins Grundwasser.

 **1** Lies den Text und schreibe Zwischenüberschriften
über die Abschnitte. **Luft zum Atmen**

Schätze dich ein und notiere.

Tipp
Seite 146

› zentrale Aussagen eines Textes erfassen und wiedergeben
› sich selbst kompetenzorientiert einschätzen

Kapitel 4

haben – wünschen – brauchen

Ein Frosch

„Quaaak, quaaak!", quaaakt's unterm Bett hervor.
Ein Frosch, denk ich und bin ganz Ohr.
Von Fröschen weiß ich, wie sie sich
ganz leicht verwandeln lassen,
5 in schöne Prinzen, glaube ich.
Ich will ihn gerade fassen,
da schimpft er, als durchschaut er mich:
„Das könnte dir so passen –
jetzt wird das Zimmer aufgeräumt
10 und nicht vom Königssohn geträumt!"

Hanna Johansen

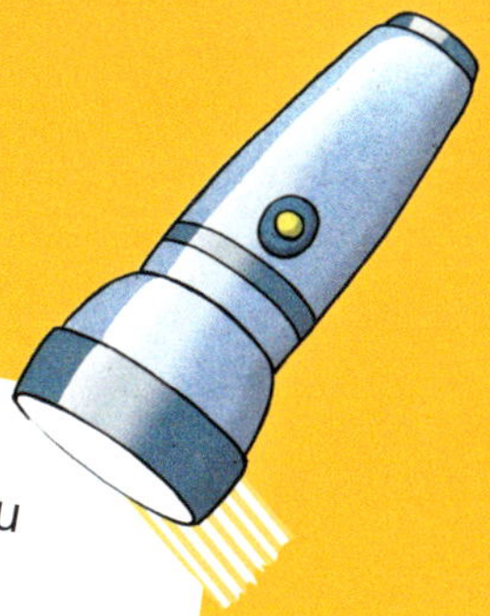

Alles, was du brauchst:

Bett
Taschenlampe
Knäckebrot
Teddy
Schmusekissen

Geheimnis ...

SMS-Märchen
Müllerstochter soll Stroh zu Gold spinnen + Prinzessin werden. Kann sie aber nicht. Zwerg hilft + will zum Lohn ihr 1. Kind. Gibt sie aber nicht. Vor Wut zerreißt's ihn.

Ein jeder Wunsch,
wenn er erfüllt,
kriegt augenblicklich Junge.

Wilhelm Busch

› sich an Gesprächen beteiligen
› mit anderen über Texte sprechen

Ein Brief für Aschenputtel

In der Schule gibt es eine Theater-AG. Lulu, Umut, Paul
und Elsa machen mit.
„Unser nächstes Stück heißt Aschenputtel", erzählt Frau Holm.
Alle sind begeistert, und die kleinen Rollen sind schnell verteilt.
5   Umut spielt den Baum, der gerüttelt wird.
Paul ist Aschenputtels Vater und Lulu eine der Stiefschwestern.
Aber gleich zwei Mädchen wollen Aschenputtel sein:
Elsa und Wibke. Elsa ist super aufgeregt beim Vorspielen.
Sie kann es gar nicht glauben, als Frau Holm hinterher sagt:
10   „Du bekommst die Rolle."
Wibke gratuliert Elsa und umarmt sie sogar.
Das findet Elsa richtig gut.
Frau Holm sagt zu Wibke: „Falls Elsa krank wird,
darfst du für sie einspringen." Darüber freut sich Wibke sehr.
15   Jetzt gibt es viel zu tun. Sie brauchen natürlich Kostüme.
Paul bastelt aus Watte einen Bart.
Umut schneidet Blätter für sein Baum-Kostüm aus.
Und Elsa bezieht Hausschuhe mit goldenem Samt.
Wibke und Lulu helfen ihr dabei.

20   Am nächsten Tag fangen sie an zu proben.
Elsa will zum Ball gehen und erschrickt:
„Wo ist mein zweiter Schuh?"
Alle suchen, aber der Schuh taucht nicht auf.
In der Pause holt Elsa ihre Brotdose aus dem Schulranzen.
25   Da flattert ein Umschlag heraus.
Geheim steht darauf.
Elsa weiß sofort: Das ist ein Fall für Team LUPE!
Die Detektive gehen in den Flur. Im Umschlag ist ein Brief.
Jemand hat die Wörter aus der Zeitung ausgeschnitten.

30 Elsa liest vor:

MÄRCHENRÄTSEL

Such nach dem Schuh:
beim Tischlein deck dich,
hinter dem Korb von Rotkäppchen,
neben dem Apfel von Schneewittchen.

Paul ruft: „Ich weiß was!
Der gedeckte Tisch ist in der Schulküche."
Die Detektive rennen in die Küche.
Auf dem Tisch steht ein Korb.

35 Dahinter liegen ein Apfel und ...
„Mein Schuh!", ruft Elsa. „Wie kommt der denn dahin?"
Plötzlich fällt die Tür zu.
Ein Schlüssel wird herumgedreht.
Umut murmelt: „Das Rätsel war eine Falle.

40 Jemand hat uns eingesperrt!"
Lulu grinst. „Aber es gibt eine zweite Tür.
Die führt in den Garten."
Schnell rennen sie zurück ins Klassenzimmer.
Dort zieht Wibke gerade das goldene Kleid

45 von Aschenputtel an.
„Stopp!", ruft Elsa.
Wibke wird knallrot.
„Tut mir leid, Elsa! Ich wollte nur ganz kurz Aschenputtel sein."
Elsa seufzt. „Schon gut."

50 Dann dreht sie sich zu ihren Freunden um und flüstert:
„Wir sind ein supertolles Team!"

Henriette Wich

Hilfe, ich will keinen Hund!

Ausgerechnet Paul, der Hunde doof findet, muss sich plötzlich
um Rieke kümmern. Obwohl die eigentlich Miris Hund ist.
Rieke, ein schwarzer Mittelschnauzer, macht jede Menge
Quatsch.

Also: Miri – meine große Schwester – wünschte sich
einen Hund. Und ich? Ich wollte keinen. Wozu denn?
Um dreimal am Tag mit ihm Gassi gehen zu dürfen?
Und solange er noch nicht stubenrein war, vielleicht noch öfter?

5 Da konnte ich mir Schöneres vorstellen. Hab ich auch immer wieder
gesagt. Aber auf mich hört ja keiner.
Und Miri ließ einfach nicht locker. Sah sie irgendwo einen Köter,
der ihr gefiel, fing sie jedes Mal von Neuem an: Nie wieder wollte sie
zu Weihnachten oder zum Geburtstag etwas geschenkt bekommen,
10 sie wollte nur endlich einen eigenen Hund haben. Schon als sie noch
ganz klein war, soll das so gewesen sein.

„Ich will einen Hund-Hund-Hund!", soll sie immerzu gesagt und dabei
manchmal sogar mit dem Fuß aufgestampft haben. Später hingen über
Miris Bett Hundeposter. Auf jedem war ein schwarzer Mittelschnauzer
15 abgebildet. Einer sprang über einen bunten Ball, einer machte Männchen,
weil ihm ein Leckerli hingehalten wurde. Einer schmuste mit einem
kleinen, blonden Jungen. Nur gut, dass ich nicht dieser Junge bin,
dachte ich immer. Der Gedanke, dass mir so ein Köter das Gesicht
ableckte – wie eklig.
20 Ein Hund hätte damals aber nur gestört, wie Jessy – unsere Mutter – mir
erzählt hat. Miri und ich machten ihr schon genug Arbeit und unsere
Wohnung war nicht gerade groß.
Aber dann, letztes Jahr. Da war ich neun und Miri dreizehn Jahre alt.
Und irgendwie, so fand ich, war meine Kindheit damit vorbei. Und schuld
25 daran war unser Vater Mo. Und Mo hatte in seiner Firma gekündigt.
Warum? Weil er seinen Nebenberuf endlich zum Hauptberuf machen
wollte. Er erfindet Spiele. Aber nicht solche, bei denen man vor dem
Computer sitzt, bis einem der Rücken wehtut. Er erfindet Brettspiele.
Würfelspiele. Mit Rausschmeißen und Vorrücken und so.

30 Jetzt arbeitet er zu Hause und hat Zeit, sich um Miris Hund zu
kümmern. So wurde es vorher jedenfalls verabredet.
Aber in Wahrheit, das weiß ich längst, sollen nur wir uns
kümmern – Miri und ich. Was Miri betrifft, war das ja auch okay.
Wer sich einen Hund wünscht und wirklich bekommt, der hat
35 ihn am Hals. Aber wieso ich? Hatte ich nicht gesagt, dass ich
keinen wollte? Und jetzt sollte auf einmal auch ich mich kümmern?
Mo war glücklich, weil er nur noch zu erfinden brauchte, Jessy war
glücklich, weil sie wieder voll arbeiten gehen konnte und Miri war
glücklich, weil sie endlich, endlich ihren Hund bekommen sollte.
40

Nur ich, ich war nicht glücklich. Ich war stinksauer. Weil ich ja einfach
überstimmt worden war. 3:1 für Miris Hund? Das hieß 3:1 gegen mich.
Wie hätte ich mich darüber freuen sollen? [verändert, gekürzt]

Klaus Kordon

1 Was stört Paul an Hunden? Zähle auf und nenne die Zeilen,
in der die Antwort steht.

2 Miri bekommt ihren Hund und Paul ist darüber unglücklich.
Wie könnte Paul wieder glücklich werden? Spielt die Situation.

3 Welches Haustier wünschst du dir? Erzähle.

› Perspektiven einnehmen
› Aussagen mit Textstellen belegen
› gezielt einzelne Informationen suchen

73

Suche dir einen der folgenden Texte aus und lies ihn.

Mäuse wie wir. Laute und leise Geschichten von Luzi und Kabutzke

Bunte Ohren

Kabutzke ist ein Mauserich – und was für einer. Er tüftelt gern was aus und hat tolle Ideen, die seine Mausedame Luzi zum Staunen bringen. Mit ihm wird es nie langweilig.

An einem schönen Tag ging Kabutzke Mauserich zum Friseur.
„Bitte etwas Buntes!", sagte er, als er vor dem Spiegel saß.
„Und wie soll das aussehen?", fragte der Friseur.
„Mein linkes Ohr ..." „Ja, bitte?" „Mein linkes Ohr hätte ich gern
5   tomatenrot mit einem gelben Stups an der Spitze", sagte Kabutzke.
„Sehr wohl, mein Herr", sagte der Friseur.
„Und das rechte Ohr hätte ich bitte ... heidelbeerblau!",
schob Kabutzke hinterher. „Sehr wohl, mein Herr", sagte der Friseur
noch einmal und machte sich sofort beflissen an die Arbeit.
10 Das Ergebnis konnte sich wirklich sehen lassen. Kabutzke
betrachtete seine bunten Ohren voller Stolz im Spiegel
und war sehr zufrieden mit sich und dem Friseur.

„Was ist denn mit dir los?", fragte Luzi erstaunt,
als Kabutzke nach Hause kam.
15 „Um die Ohren bist du ja so bunt wie ein Schmetterling!"
„Zwischen bunten Ohren kommen mir immer so bunte Gedanken",
antwortete Kabutzke und wackelte vergnügt voller Stolz mit dem
tomatenroten und dem heidelbeerblauen Ohr.

Aufwachen

*Es ist Morgen ... und wie! Morgens ist die Welt noch ganz frisch.
Kabutzke und Luzi wachen gerade auf. Kabutzke ist ein Mauserich und
Luzi eine Mausedame.*

„Es ist so schön, morgens noch ein bisschen
im Bett zu liegen", sagte Luzi. „Man weiß noch nicht,
wer man ist und wie man heißt, aber man ist trotzdem schon da.
Man kann mit dem Nachdenken anfangen oder einfach nur
5   an gar nichts denken."
„Waaas?!", rief Kabutzke. Er stand schon senkrecht im Bett.
„Aufwachen heißt: nicht liegenbleiben.
Aufwachen heißt: aufstehen, zum Fenster gehen und gucken,
was die Welt so macht." Und schon öffnete er das Fenster.
10 „Ih, was für ein furchtbares und hässliches Wetter."

„Vielleicht bist du zu früh und mit links aufgestanden, wenn du
dich gleich ärgerst. Du brauchst doch nicht aus dem Bett
zu springen, als hätte dich eine Biene gestochen.
Es gibt Leute, die stehen ganz anders auf als du", sagte Luzi.
15 „Wer denn?", fragte Kabutzke.
„Zum Beispiel unser Nachbar Hase. Der streckt erst mal
seine Löffel hoch. Dann lauscht und schnuppert er eine Weile
in den Morgen hinein und dann setzt er sich gemächlich
auf die Bettkante, bevor er aufsteht und seine Frühstücks-
20 mohrrübe zubereitet."

„Gut, gut", sagte Kabutzke. „Mir wird auch langsam kalt vor dem
offenen Fenster. Ein kleiner Sprung ins Bett wäre vielleicht
ganz nett", und er hüpfte – schwups – zurück in die Kissen.
„Da bist du ja wieder", freute sich Luzi. „Aber weißt du eigentlich
25 noch, was dich wachgemacht hat? Die Vögel draußen? Die
Autogeräusche? Regentropfen auf dem Fensterbrett?"
Luzi ließ nicht locker. „Nein", sagte Kabutzke,
„aber morgen früh werde ich
ganz bestimmt aufpassen."
30 „Und jetzt ... müssen wir erst
mal aufstehen", sagte Luzi
und – schwups – war sie als Erste
aus dem Bett.

Liegen lassen

Kabutzke, ein Mauserich, ist ein Tüftler. Überall tüftelt er herum: In der
Küche, im Wohnzimmer, im Keller und in der Speisekammer. Meistens
tüftelt er was aus.

Und Luzi, seine Mausedame, musste immer nach ihm suchen.
Und meistens fand sie nicht ihn, sondern nur die Reste von
seiner Tüftelei. Die lagen dann einfach so herum.
Darüber ärgert sie sich sehr.

5   Kabutzke aber hatte schon wieder eine neue Idee
und war über beide Ohren darin vertieft.
Einmal, da hatte er eine Erdnussbutterschmiermaschine
ausgetüftelt. Jedenfalls hat er es versucht. Küchenmesser,
Gummibänder, Kleber liegen hinterher herum.
10 Und Luzi rief laut:
„IMMER LÄSST DU ALLES LIEGEN!"

Ein anderes Mal hatte Kabutzke eine
Katzentatzenwarntrompete ausgetüftelt. Jedenfalls
hat er es versucht. Das Ende von einem Gartenschlauch, ein
15 Plastiktrichter und eine Rolle Klebeband waren übriggeblieben.
Und Luzi rief ärgerlich:
„IMMER LÄSST DU ALLES LIEGEN!"

Das nächste Mal hatte Kabutzke ein Käsekrümelsuchgerät
ausgetüftelt. Der Versuch ging schief.
20 Nur die Käsekrümel fand Luzi noch drei Tage später hinter der
Blumenvase, in ihrem Lieblingsbuch und sogar unter ihrem
Kopfkissen.
Und Luzi rief wütend:
„IMMER LÄSST DU ALLES LIEGEN!
25 ES IST NICHT ZUM AUSHALTEN!
WILLST DU DICH EIGENTLICH MIT MIR STREITEN?"

Keine Antwort von Kabutzke.
Luzi fing an, ihn zu suchen, fand ihn aber mal wieder nicht.
Sie suchte überall. Endlich sah sie ihn.
30 Er hatte sich einfach unter den Tisch gelegt und die Hände
über dem Bauch gefaltet.
„Was soll denn das schon wieder?", fragte Luzi.
„Das siehst du doch", sagte Kabutzke ruhig.
„ICH LASSE MICH LIEGEN! Wenn ich immer alles liegen lasse,
35 kann ich mich selbst auch mal liegen lassen.
Schließlich bin ich auch ein Teil von ALLES."
„Und ich auch. Ich bin auch ein Teil von ALLES",
sagte Luzi und legt sich neben Kabutzke unter den Tisch.

So lagen sie beide friedlich nebeneinander.
40 Und nach einer Weile sprach Luzi:
„Komisch, wenn ich liege, wird mir so anders zumute.
Eben war ich noch ganz ärgerlich auf dich und hätte dich bis auf
den Mond schießen können. Jetzt habe ich ausgeschnauft und
denke, es ist viel schöner, etwas zusammen zu machen.
45 Und wenn es nur so was ist, wie nebeneinanderzuliegen
und zum Fenster hinaus den
Himmel anzugucken." [verändert, gekürzt]

Fredrik Vahle

 1 Wer sind die Hauptfiguren der Geschichte?
Beschreibe ihre Besonderheiten.

 2 Was passiert in der Geschichte? Erzähle.

 3 Warum wird es zwischen Luzi und Kabutzke nie langweilig?
Begründe deine Meinung.

› Texte mit eigenen Worten wiedergeben
› lebendige Vorstellungen beim Lesen literarischer Texte
   entwickeln

77

Rumpelstilzchen

Es war einmal ein Müller, der war arm, aber er hatte eine schöne
Tochter. Damit prahlte er vor dem König und behauptete,
seine Tochter könne Stroh zu Gold spinnen. Dem König
gefiel das wohl und er sprach: „Da will ich sie auf die Probe
5   stellen. Wenn es ihr nicht gelingt, so muss sie sterben."
Als nun das arme Mädchen in eine Kammer voll Stroh gebracht
wurde, weinte es bitterlich. Da trat ein kleines Männchen herein
und sprach: „Guten Abend, Müllerin, warum weint Ihr so sehr?"
„Ach, ich soll Stroh zu Gold spinnen und verstehe das nicht."
10   Das Männlein sprach: „Was gibst du mir, wenn ich dir's
spinne?" – „Mein Halsband", sagte sie.
Da setzte sich das Männchen vor das Rädchen und – schnurr,
schnurr, schnurr, dreimal gezogen – war die Spule voll.
Und am Morgen war alles Stroh zu Gold versponnen.
15   Der König aber wurde noch gieriger und brachte die
Müllerstochter in eine noch größere Kammer voll Stroh.
Wieder erschien das Männchen und das Mädchen
versprach ihm seinen Ring als Lohn für die Hilfe.
Und am nächsten Morgen war alles Stroh zu Gold gesponnen.
20   Der König aber war noch immer nicht satt.
Ein letztes Mal sollte das Mädchen ein Wunder vollbringen.
Jetzt aber versprach er ihr die Hochzeit, sollte sie es schaffen.
Wieder erschien das Männlein und versprach zu helfen.
Zum Lohn wollte es das erste Kind der neuen Königin.
25   In ihrer Not versprach sie es und das Männchen spann dafür
noch einmal alles Stroh zu Gold.
So kam es, dass am nächsten Tag die Hochzeit gehalten wurde.

Ein Jahr später brachte die junge Königin ein Kind zur Welt, als
plötzlich das Männchen in ihre Kammer trat und sprach:
30   „Nun gib mir, was du versprochen hast."
Die Königin erschrak und weinte bitterlich.
Alle Reichtümer des Königreiches sollte es bekommen,
wenn es ihr nur das Kind lassen wollte.

Das Männchen bekam Mitleid und sagte:

35 „Drei Tage will ich dir Zeit lassen, wenn du bis dahin
meinen Namen weißt, so sollst du dein Kind behalten."
Nun besann sich die Königin aller Namen, die sie jemals
gehört hatte und schickte einen Boten übers Land.
Am ersten und am zweiten Tag, als das Männlein kam, sagte sie

40 alle Namen, die sie kannte: Kaspar, Melchior, Balzer, Rippenbiest,
Hammelswade, Schnürbein, ...
Aber bei jedem sprach das Männlein: „So heiß ich nicht."
Am dritten Tag aber kam der Bote und berichtete, er habe in einem
Wald ein Männlein gesehen. Das hüpfte um ein Feuer und schrie:

45 „Heute back ich, morgen brau ich,
übermorgen hol ich der Königin ihr Kind.
Ach, wie gut, dass niemand weiß,
dass ich Rumpelstilzchen heiß!"

Da könnt ihr euch denken, wie die Königin froh war, als sie den

50 Namen hörte. Als bald darauf das Männlein hereintrat und fragte:
„Nun, Frau Königin, wie heiße ich?", da sagte sie: „Heißt du etwa
Rumpelstilzchen?" Da schrie es: „Das hat dir der Teufel gesagt,
das hat dir der Teufel gesagt." Es packte in seiner Wut den linken
Fuß mit beiden Händen und riss sich selbst mitten entzwei.

nach den Brüdern Grimm

Tipp
Seite 148

 **1** Warum, glaubst du, hat der Müller am Anfang der Geschichte
den König belogen? Tausche dich mit einem Partnerkind aus.

 **2** Wie beurteilst du das Verhalten des Königs? Begründe deine Meinung.

 **3** Stelle mit einem Partnerkind ein Standbild zur markierten Stelle dar.
(Zeile 28 – 33).

› verschiedene Textsorten kennen und unterscheiden: Märchen
› gezielt einzelne Informationen suchen
› handelnd mit Texten umgehen: inszenieren

Alles, was du brauchst

Alles, was du im Leben brauchst, das sind wenige Dinge:
Ein **Bett** ist etwas sehr Schönes, sofern es alles enthält, was
hineingehört. Anderenfalls ist es eine ziemlich langweilige
Angelegenheit, öde und ermüdend. Zum Einschlafen
5 sozusagen. Was unbedingt in ein Bett gehört:

Eine Taschenlampe. Denn wie willst du
dich sonst im Dunkeln zurechtfinden?

Etwas Knäckebrot. Falls du nachts Hunger bekommst.
Außerdem sind Knäckebrotkrümel sehr dauerhaft. Sie krallen
10 sich im Bett fest, und du hast noch wochenlang etwas zum Knabbern.

Dein Tagebuch. Denn nachts passieren die unglaublichsten
Abenteuer, die du unbedingt aufschreiben willst.

Eine Mohrrübe. Wenn du auf ihr zu liegen kommst, bleibt sie
in Form und matscht nicht so wie eine Banane.

15 Dein Teddybär Butz. Oder deine Gummischlange. Oder dein
Schmusekissen. Oder deine Lieblingspuppe Moni. Denn ohne sie
kann kein Mensch einschlafen.

Eine Trinkflasche. Falls du vom Meer träumst, von Sonne und Strand
und auf einmal Durst bekommst.

20 Dein kleines Geheimnis. Jenes Geheimnis, von dem du noch nie
jemandem erzählt hast. Nur deinem besten Freund.

Und eine Bettdecke. Um am Morgen die Taschenlampe, das
Knäckebrot, dein Tagebuch, die Puppe, die Plastikflasche
und dein kleines Geheimnis gut zuzudecken.

25 Und vergiss nicht: Die Bettdecke musst du unbedingt straff
und schön glattziehen, damit Mama und Papa nicht Verdacht
schöpfen und nachschauen wollen.

Christoph Hein

› altersgemäße Texte flüssig lesen

Lass uns

auf Gehsteigkanten balancieren
die Zeh'n mit Löwenzahn verzieren
die Schuhe irgendwo verlieren

und Kicher-Mus auf Brote schmieren
5 zur Schule Hand in Hand spazieren
den Schaukelhochsprung ausprobieren

den Weitspuck-Trick perfektionieren
dem Hund das linke Ohr massieren
und Sommersprossen flink addieren

10 durch Wald und Wiesen galoppieren
verrückte Lieder komponieren
auf einem Grashalm musizieren

geheime Botschaften notieren
Glühwürmchen bei uns einquartieren
15 und Streunerkatzen adoptieren.

Elisabeth Steinkellner

› altersgemäße Texte flüssig lesen

Achte beim Zuhören darauf, welche Entscheidungen
die Fee trifft, um wieder glücklich zu werden.

Feenzauber und Schweineglück

Es war einmal eine gute Fee, die jahrein, jahraus den Kindern ihre
Wünsche erfüllte. Leider wollten alle wieder und wieder das Gleiche.
„Öde, öde, öde!", seufzte sie und langweilte sich jeden Tag ganz fürchterlich bei
ihrer Arbeit. Die Jungs wünschten sich Autos, Actionfiguren und Computerspiele.
5 Die Mädchen Puppen, Kleider und natürlich Schmuck bis zum Abwinken.

Nach der siebenhundertsechzigtausendundweißichnichtwievielten Barbiepuppe,
die sie zaubern musste, bekam die gute Fee einen Tobsuchtsanfall. „Jetzt reicht
es aber!!!", schnaubte sie. „Das ist ja nicht nur langweilig, sondern auch total
blöööde!!" Sie stampfte vor Wut mit den Füßen und rollte ihre Augen.

10 Die Fee zauberte nun keine Puppe, sondern einen ekligen Fisch. Anstatt eines
Gameboys gab es einen Blumenkohl. Für den Rest des Tages bekam keiner mehr,
was er wollte. Erleichtert flog sie heim, wünschte sich eine riesige Sahnetorte
herbei, verdrückte sie mit einem Haps und ging ins Bett.

Als sie aufwachte, wusste sie, dass sie nie wieder als gute Fee arbeiten wollte.
15 Also ging sie zur Berufsberatung und fragte nach einer anderen Arbeit.
„Wir haben noch Plätze für eine Umschulung zum Flaschengeist, zur hilfreichen
Elfe, zur bösen Oberhexe oder zu einer verwunschenen Prinzessin."

Die gute Fee überlegte ausgiebig, es war eine schwere Entscheidung.
Am Ende entschloss sie sich dann, eine verwunschene Prinzessin zu werden.
20 Sie wurde in ein Schwein verwandelt und sollte darauf warten, dass
der richtige Held sie finden, küssen und erlösen würde.

Auf einem Bauernhof sollte sie nun den ganzen Tag mit den anderen Schweinen
faul in der Sonne rumhängen. Bald verbrachte sie die meiste Zeit mit Toni, dem
Eber. Der war sehr nett und sah echt gut aus, für ein Schwein. Gemeinsam
25 nahmen sie Schlammbäder, kratzten sich gegenseitig den Rücken und erzählten
sich Geschichten. Die gute Fee war so richtig zufrieden mit ihrem Jobwechsel.

› lebendige Vorstellungen beim Hören
literarischer Texte entwickeln

Doch eines Tages kam ein wunderschöner Held mit glänzender Rüstung
und einem strahlenden Ross auf den Bauernhof geritten. Es war ein
Drachentöter und Prinzessinnenretter. Das sah man gleich.

30 Der Prinz stellte sich als „Prinz Eugen, der Tapfere" vor und sagte,
er sei auf der Suche nach einer holden, verzauberten Prinzessin,
die in Schweinegestalt auf den erlösenden Kuss wartete.

Der Prinz trat ans Schweinegatter und rief: „Ich bin gekommen, um die
wunderschöne, verzauberte Prinzessin zu erlösen, die hier sehnsüchtig

35 auf mich wartet. Sie darf mit auf mein herrliches Schloss kommen und ich
werde sie heiraten. Wir werden rauschende Feste feiern, die feinsten Kleider
tragen und die teuersten Speisen essen!"

„Hier, hier! Küss mich!" – Nein, mich!", riefen alle Schweinedamen
durcheinander, denn jede wollte mit auf das Schloss genommen werden.

40 Bald hatte er alle geküsst, bis auf die gute Fee, die hatte sich tief im Schlamm
versteckt. „Och, nö", dachte sie. „Schloss hin, Ruhm her, ich liebe doch den Toni."
Sie wurde schließlich vom Prinzen übersehen. Und so blieb die gute Fee einfach
ein Schwein und lebte mit dem Eber Toni glücklich bis ans Ende ihrer Tage.

Sophie Schmid   [gekürzt]

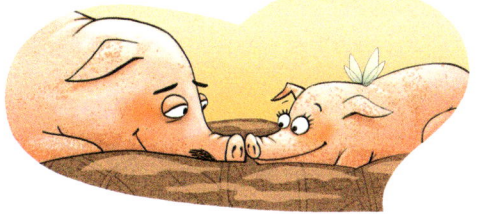

1 Welche anderen Berufe werden der guten Fee angeboten
und wofür entscheidet sie sich? Zähle auf.

2 Warum wollte die gute Fee keine Wünsche mehr erfüllen?

3 Welche Entscheidungen trifft die Fee, um wieder glücklich zu werden?
Erzähle.

Und du bist raus!

Schneeweißchen und Rosenrot
bekamen zum Abendbrot bei allerschönstem Abendrot
nichts als altes Knäckebrot.
Rosenrot schluckt's runter,
Schneeweißchen spuckt es aus –

und DU bist raus.

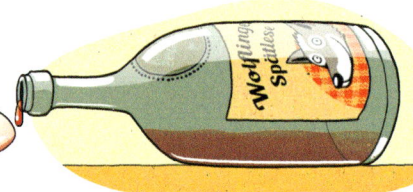

Rotkäppchen, Rotkäppchen
hat im Körbchen Wein und Häppchen.
Der Wein läuft aus –

und DU bist raus.

Rapunzel, Rapunzel,
lass dein Haar herab!
Rapunzel, Rapunzel,
gleich schneiden wir es ab.
Im Haar war eine Laus –

und DU bist raus!

Paul Maar

> verschiedene Textsorten kennen und unterscheiden:
> Abzählreime

Wie ihr selbst ein Märchen mit Bildern gestalten könnt

1

Lest ein Märchen und teilt es in Abschnitte ein.

2

Die Zwerge standen um den Sarg von Schneewittchen und trauerten um sie.

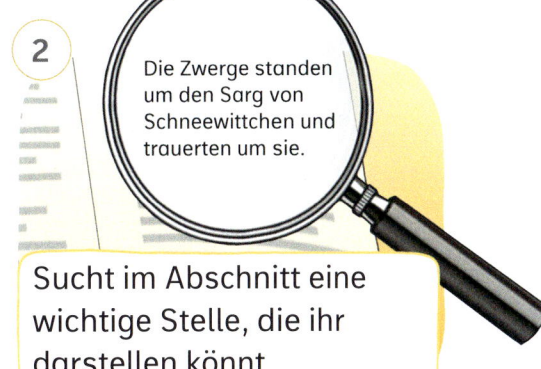

Sucht im Abschnitt eine wichtige Stelle, die ihr darstellen könnt.

3

Stellt zu jedem Abschnitt ein Standbild dar.

4

Fotografiert das Standbild.

5

Stellt die Fotos zusammen.

6

Zeigt die Bilder nacheinander und erzählt das Märchen dazu.

› Situationen in verschiedenen Spielformen szenisch entfalten
› handelnd mit Texten umgehen: inszenieren
› verschiedene Medien für Präsentationen nutzen

Hänsel und Gretel

Hänsel und Gretel schreiben ihren Eltern aus dem Knusperhaus der Hexe einen Brief. Da jedoch der Brief von der Hexe gelesen wird, müssen Hänsel und Gretel ihre wirkliche Botschaft im Text verstecken.

Liebste Eltern! Macht euch keine Sorgen um uns, die wären wirklich
unbegründet. Es wäre ganz falsch, wenn ihr denken würdet,
gute Eltern, Hänsel und Gretel sind in der Gewalt einer Hexe! Wir
5 leben hier bei einer sehr netten alten Dame, die uns jeden Wunsch von den
Augen abliest! Zuerst dachte Gretel ja, wir
werden gefangen gehalten und sollen geschlachtet werden! Geht
denn so was! Wir haben sehr darüber gelacht! Es
gibt hier viele Tiere, vor allem Vögel, die fliegen gewöhnlich
10 zur großen Eiche und dann immer nach Norden, dort liegt
nämlich ihr Futterplatz. Wir haben auch sehr schöne Puppen, mit
denen wir spielen, und dazu auch ein besonderes Haus:
ein Kuchenhaus mit einem Dach aus Schokolade und Marzipan.
Einmal spielten wir im Wald mit unseren Puppen. Auf dem Rückweg haben wir
15 uns verlaufen und schrien laut:
Hier sind wir! Kommt rasch und rettet uns!
Die gute alte Dame gab uns viele schöne Geschenke.
Nun will sie mit uns spazieren gehen und ruft uns fröhlich zu:
Eilt! Eilt! Es ist höchste Zeit! Wo bleibt ihr nur! Eure Kinder

[gekürzt]

Franz Fühmann

1 Lest euch den Brief gegenseitig vor. Sprecht darüber, was die Kinder aus dem Hexenhaus berichten.

2 Lest nur jede dritte Zeile und sprecht darüber, was Hänsel und Gretel ihren Eltern wirklich mitteilen wollen.

› Texte genau lesen
› gezielt einzelne Informationen suchen

Detektivwissen üben + überprüfen

Ein Standbild bauen

Das konntet ihr auf den Seiten 78/79 und 85 üben. Hier könnt ihr überprüfen, ob ihr es könnt:

Ihr kennt doch das Märchen vom Dornröschen. Für alle, die sich nicht mehr so genau erinnern, ...

Dornröschen in Kürze

Da wird einem Königspaar ein lang ersehntes Kind geboren. Sie feiern ein großes Fest, zu dem auch alle guten Feen des Landes eingeladen sind. Alle, außer einer. Denn es gibt im Schloss nur zwölf goldene Teller. So muss die 13. Fee zu Hause bleiben. Verärgert, böse
5 und wütend darüber verkündet sie deshalb: Dornröschen soll sich in ihrem 15. Lebensjahr an einer Spindel stechen und tot umfallen.

Und dann geschah es:

An ihrem 15. Geburtstag schlich sich das Mädchen in einen verlassenen Turm, traf dort auf eine alte Frau – die verkleidete
10 13. Fee – , stach sich an einer Spindel und fiel wie tot in einen tiefen Schlaf. Und mit ihr schlief alles Lebendige im Schloss ein: König und Königin, Diener, die Pferde im Stall und die Fliegen an der Wand. Selbst der Koch, der dem Küchenjungen gerade eine Ohrfeige geben wollte, hielt mitten in der Bewegung inne und schlief ein. Da wuchs
15 um das Schloss eine Hecke aus Rosen.

Erst nach 100 Jahren öffnete sich die Hecke und ein Königssohn erlöste Dornröschen mit einem Kuss aus ihrem tiefen Schlaf. Und wenn sie nicht gestorben sind, ...

 **1** Stellt die Situationen am 15. Geburtstag in einem Standbild dar.

Schätzt euch ein und notiert.

Tipp
Seite 148

› Situationen in verschiedenen Spielformen szenisch entfalten
› handelnd mit Texten umgehen: inszenieren
› sich und andere kompetenzorientiert einschätzen

Kapitel 5

lesen – hören – sehen

Wer, wie, was, warum?
Wer nicht fragt, bleibt dumm.

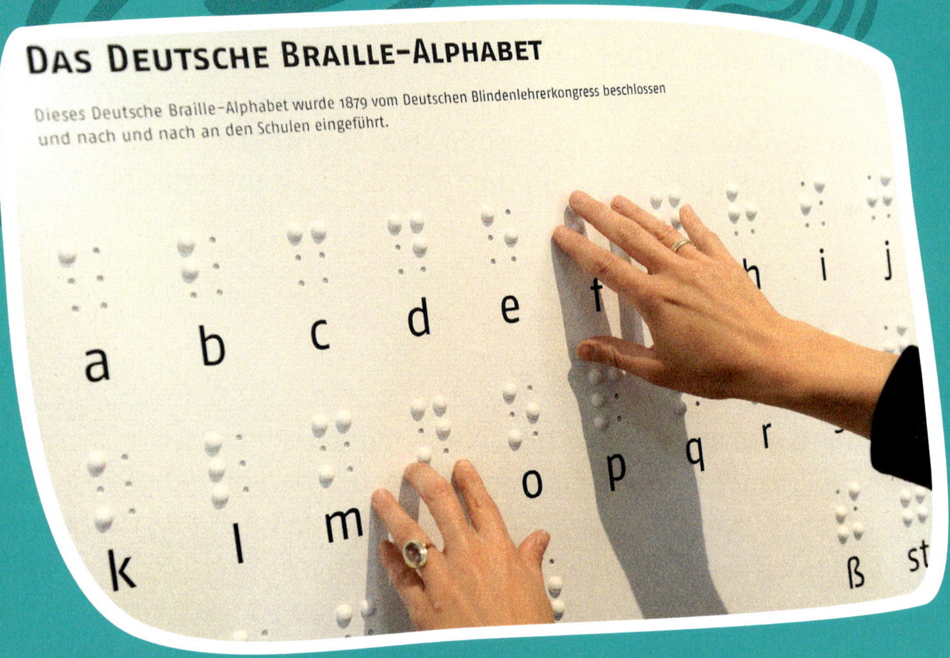

DAS DEUTSCHE BRAILLE-ALPHABET
Dieses Deutsche Braille-Alphabet wurde 1879 vom Deutschen Blindenlehrerkongress beschlossen und nach und nach an den Schulen eingeführt.
a b c d e f h i j
k l m o p q r
ß st

Ratschlag
Kraule deinem Lieblingsbuch
öfter mal den Rücken!
Du kannst sicher sein, es knistert
wohlig vor Entzücken.

Georg Bydlinski

Die Computermaus

Eine Computermaus wollte mal raus
aus ihren virtuellen Räumen.
Und richtig leben und richtig träumen.
So wie ich und du, wie Peter und Klaus,
5 nur eben als Maus.

Wollte mal klettern, wollte mal kratzen,
wollte mal ein Stück Käse riechen
und, wenn es das gab,
in ein Löchlein kriechen.

10 Mit einem Wort:
Sie wollte fort.

Mustafa Haikal

› sich an Gesprächen beteiligen
› mit anderen über Texte sprechen

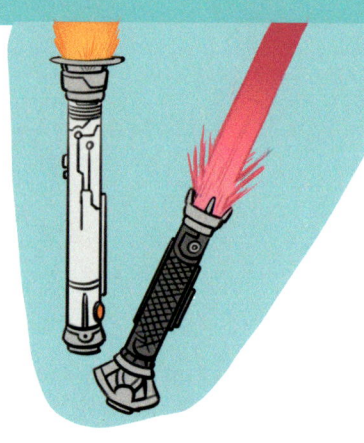

Das Alien-Geheimnis

„Viel Spaß im Museum!", sagt Pauls Mama.
„Ich hole euch nach der Führung wieder ab."
Umut kann es kaum erwarten.
Das Medienmuseum ist bestimmt cool.
5 Elsa, Paul und Lulu sind auch gespannt.
An der Kasse stehen viele Kinder an.
Plötzlich drängeln sich zwei junge Männer an der Kasse vorbei.
Elsa sagt zu ihren Freunden: „Die haben ja gar nicht bezahlt!"
Paul grinst. „Super! Ein neuer Fall für Team LUPE."
10 Jetzt geht es los mit der Führung.

Frau Lenz zeigt den Kindern gelbe Leuchtschwerter und
ein berühmtes Raumschiff. Das sieht im Film riesig aus
und ist eigentlich ganz klein.
Lulu geht ein Stück voraus zum nächsten Raum.
15 Da sieht sie einen Schatten.
Er huscht schnell weg.
Lulu macht: „Psst! Da ist jemand.
Kommt mit."
Die Detektive schleichen in den nächsten Raum.
20 Kein Schatten weit und breit.
Dafür hören sie Stimmen hinter einem Vorhang.
„Beeil dich!", flüstert jemand. „Wir haben nicht mehr viel Zeit."
„Ja, ich weiß", wispert ein anderer.
Paul gibt seinen Freunden ein Zeichen.
25 Leise rollt er zum Vorhang und lugt hindurch.
Dann rollt er schnell zurück. „Die haben Koffer dabei",
flüstert Paul aufgeregt. „Vielleicht wollen sie was klauen."
Umut atmet tief durch. „Wir gehen da jetzt rüber und
ertappen sie auf frischer Tat."
30 Die Freunde fassen sich an den Händen.
Zu viert stürmen sie durch den Vorhang.
„Stopp!", ruft Elsa laut. „Was machen Sie da?"

Lulu reibt sich die Augen.
Das sind ja die zwei Männer,
35 die sich an der Kasse vorbeigedrängelt haben!
Sie sehen aus wie Aliens: mit grünen Anzügen und
Antennen auf dem Kopf.
Der größere Mann hat eine grüne Gitarre in der Hand.
„Bitte verratet uns nicht", sagt er. „Wir wollen die Kinder
40 mit einem Alien-Konzert überraschen."
Der kleinere Mann holt eine neongelbe Trommel aus dem Koffer.
Paul lacht. „Ach, so ist das! Natürlich verraten wir nichts."

Team LUPE setzt sich auf eine Bank.
Die Aliens fangen an zu spielen.
45 Dann geht der Vorhang auf, und die anderen Kinder kommen herein.
Sie sind total überrascht und freuen sich riesig.
Das Alien-Konzert ist toll. Umut wippt im Takt mit.
„Willst du auch mal trommeln?", fragt der größere Mann.
Sofort springt Umut auf.

Henriette Wich

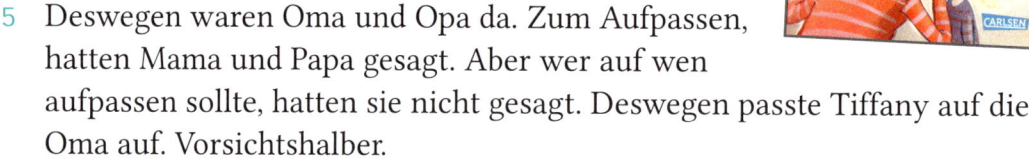

Der Tag, an dem Oma das Internet kaputt gemacht hat

„Es geht nicht mehr", sagte die Oma.
Sie saß vor dem Computer und klickte mit der Maus.
„Klick, klick", sagte sie dann jedes Mal.
Tiffany blickte auf. Es waren Ferien.

5 Deswegen waren Oma und Opa da. Zum Aufpassen,
hatten Mama und Papa gesagt. Aber wer auf wen
aufpassen sollte, hatten sie nicht gesagt. Deswegen passte Tiffany auf die
Oma auf. Vorsichtshalber.
„Klick, klick", sagte die Oma. „Es geht einfach nicht mehr!"

10 „Was geht nicht mehr?", fragte Tiffany.
„Das Internet", sagte Oma. „Schau. Klick, klick. Aber nichts passiert."
„Was ist das Internet?", fragte Tiffany.
„Das Internet, hm ..." Die Oma kratzte sich an der Nase, dachte
angestrengt nach und sagte endlich: „Das Internet ist so etwas

15 Ähnliches wie Fernsehen. Aber zum Lesen."
„Du hast echt keine Ahnung, Oma", sagte Max. Er lag auf dem Sofa,
sein Handy in der Hand und schrieb eine Textnachricht an seinen
besten Freund. Max war schon zehn.
„Das Internet", erklärte Max seiner kleinen Schwester, „ist wie die

20 Pinnwand über meinem Schreibtisch. Nur viel, viel größer! Verstehst du?
Da kann man Nachrichten dranheften oder Fotos oder Geschichten oder
Ausmalbilder, sogar Musik und Filme und alles Mögliche. Und es haben
schon ganz viele Leute Sachen an das Internet drangeheftet. Deshalb
findet man inzwischen auf viele Fragen die Antwort im Internet.

25 Manchmal ist die Antwort aber leider falsch. Weil nicht alle, die im
Internet rumklicken, wirklich schlau sind."
„Klick, klick", sagte die Oma.
„Das Internet", erklärte Max weiter, „verbindet all unsere Computer
und Handys. Deswegen kann man über das Internet auch mit anderen

30 Menschen sprechen. Oder Spiele spielen. Oder Nachrichten versenden.
Das mache ich gerade." Er drückte auf Senden. Und noch mal. „Senden",
sagte Max und drückte auf Senden. Aber nix wurde versendet.

› Kinderliteratur kennen: Werke, Autoren und Autorinnen, Figuren,
Handlungen

„Das Internet geht wirklich nicht mehr", stellte er erstaunt fest.
„Sag ich doch", sagte die Oma.
35 „Ich habe das ganze Internet kaputt gemacht. Aus Versehen."
„Du hast auf keinen Fall das ganze Internet kaputt gemacht",
sagte Max.
Aber da täuschte er sich. Die Oma hatte tatsächlich das Internet
kaputt gemacht. Das ganze Internet. Auf der ganzen Welt.
40 Kaputt gemacht. Von Oma. Aus Versehen.
Klick, klick.

Na, da war aber was los.
Max kann nicht mehr auf seinem Handy daddeln.
Luisa, seine große Schwester, kann keine
45 Musik mehr hören.
Opa kann nicht mehr fernsehen.
Sogar Mama und Papa kommen total früh
nach Hause, denn sie können nicht arbeiten.
Keiner weiß, was er tun soll,
50 so ganz ohne Internet.
Es wird aber trotzdem ein ziemlich toller Tag.
Obwohl das Internet kaputt ist!
Oder vielleicht sogar deswegen? [gekürzt]

Marc-Uwe Kling

 **1** Stelle die W-Fragen und beantworte sie.

Wann? Wer? Wo? Was?

 **2** Wie erklärt Max seiner kleinen Schwester das Internet? Erzähle.

 **3** Warum kann es für die Familie auch ohne Internet ein
„ziemlich toller Tag" werden? Tauscht euch aus.

Tipp
Seite 150

› zentrale Aussagen eines Textes erfassen und wiedergeben
› Aussagen mit Textstellen belegen
› Perspektiven einnehmen

93

Louis Braille. Eine beeindruckende Geschichte

Lesen? Für Menschen, die nichts sehen können, war das
lange Zeit undenkbar. In dieser Zeit, im 19. Jahrhundert,
enden blinde Menschen meist als Bettler. Sie können
keine Schule besuchen und finden auch keine Arbeit.

5 Doch Louis Braille, ein blinder Junge aus einem französischen
Dorf, will sich vor über 200 Jahren nicht damit abfinden.
Er entwickelt eine Tastschrift, die heute auf der ganzen
Welt benutzt wird: die Brailleschrift.

Suche dir einen der drei folgenden Texte aus und lies ihn.

 ### Louis erblindet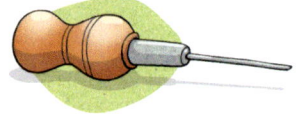

Louis lebt mit seiner Familie in einem kleinen Dorf in Frankreich.
Sein Vater besitzt eine Sattlerwerkstatt.
Hier wird Leder zu Taschen, Reitsatteln und vielem mehr verarbeitet.
Obwohl es ihm verboten ist, schleicht sich der Dreijährige an
5 einem Sommertag in die Werkstatt, um dort zu spielen.
Er versucht, mit einer dicken Nadel Löcher in ein Lederstück
zu stanzen. Dabei rutscht er ab und rammt sich den spitzen
Metallstift ins Auge.
Die Hilfe seiner Eltern kommt zu spät.
10 Die Augen entzünden sich und Louis erblindet.
Doch Louis Vater gibt seinen Sohn nicht auf.
Zu Hause wird Louis ganz normal behandelt.
Trotz seiner Behinderung muss er den Tisch decken
und seinem Vater in der Werkstatt zur Hand gehen.
15 Mithilfe eines Blindenstocks findet er sich sogar ganz allein
im Dorf zurecht.

Louis lernt lesen

Louis Braille ist im Alter von drei Jahren erblindet.
Mit sieben Jahren kommt Louis in die Dorfschule.
Er hat gute Leistungen, obwohl er als einziger Schüler nicht
sehen kann, was der Lehrer an die Tafel schreibt.
5   Louis' Vater bringt seinem Sohn schon früh das Lesen bei.
Dafür schlägt er Nägel so in eine Holzplatte, dass sie die Form
von Buchstaben erhalten. Louis kann sie mit den Fingerspitzen
ertasten und somit auch lesen.

Mit 10 Jahren darf er an eine Blindenschule nach Paris wechseln.
10 In der Bibliothek der Schule gibt es einige Bücher mit einer speziellen
Schrift für Blinde. Die Buchstaben der normalen Schrift wurden in
dickes Papier geprägt,
sodass man sie mit den
Fingerspitzen ertasten
15 konnte.
Das Papier aber war sehr
dick und deshalb waren
die Bücher sehr schwer.
Aber an der Schule wurde
20 noch eine andere Schrift
gelehrt, die aus einer großen
Anzahl fühlbarer Punkte
bestand. Man nannte sie
„Nachtschrift" und sie wurde
25 erfunden, um im Krieg auch im
Dunkeln Befehle zu übermitteln.
Ein Buchstabe wurde mit bis zu zwölf Punkten dargestellt.
Die meisten Schüler der Schule finden das zu umständlich.
Aber Louis Braille ist von der Idee begeistert und nimmt sich vor,
30 die „Nachtschrift" zu vereinfachen. Weil er tagsüber die Schule
nicht vernachlässigen will, grübelt er meist abends oder
in der Nacht über den Schriftzeichen.

Louis hat eine geniale Idee

Louis Braille ist im Alter von drei Jahren erblindet.

Als Louis 15 Jahre alt ist, hat er eine geniale
Idee: Er erfindet eine neue Schrift, die Blinde
lesen können.
5 In den Sommerferien 1824 sitzt er in der
Sattlerwerkstadt seines Vaters und drückt
mit einer dicken Nadel Punkte in ein Leder.
Diese Punkte sind wie die „6" auf einem
Würfel angeordnet.

10 Das ist es! Louis jubelt! Jeder Buchstabe besteht aus
unterschiedlich vielen, aber höchstens sechs Punkten.
Wenn man eine unterschiedliche Anzahl in verschiedener
Anordnung hervorhebt, können damit alle Buchstaben, Zahlen
und Satzzeichen dargestellt werden.
15 Die Buchstaben D und F haben zwar dieselbe Punktzahl,
aber nicht die gleichen Punkte sind hervorgehoben.
Louis hat damit ein fühlbares Alphabet erfunden!
Es dauert nicht lange, bis es die ersten Bücher in dieser Punktschrift
gibt. Seine Lehrer und Mitschüler sind begeistert, nur der
20 neue Schuldirektor nicht. Er meint, dass Blinde keine Zeichen
benutzen sollen, die Sehende nicht verstehen.
Deshalb bestimmt er, dass wieder die normalen Buchstaben
ins Papier geprägt werden. Die Schüler aber benutzen heimlich
weiter die Punktschrift von Louis Braille.

25 Und Louis kämpft weiter für seine Idee.
Er wird selbst Lehrer an der Blindenschule und reist in
viele Länder, um die Vorteile seiner Erfindung zu erklären.
Und tatsächlich wird 1854 diese Schrift in Frankreich
offiziell anerkannt.
30 Louis Braille erlebte das nicht mehr.
Er stirbt zwei Jahre zuvor im Alter von 43 Jahren.
Die Schrift wird nach ihm benannt: Brailleschrift.

Noch heute lernen diese Schrift Millionen blinde Menschen
auf der ganzen Welt.

Lucas Riemer

 **1** Wer war Louis Braille? Erzähle.

 **2** Wie gelang es Louis, weltberühmt zu werden?
Tauscht euch aus und erzählt.

 **3** Stellt euch gegenseitig Fragen mit den Fragewörtern
wann, wo, was und beantwortet sie.

Tipp
Seite 150

› zentrale Aussagen eines Textes erfassen und wiedergeben
› Aussagen mit Textstellen belegen

Die Illustratorin Sabine Wiemers

*Sabine Wiemers ist von Beruf Illustratorin.
Sie hat schon viele tolle Kinderbücher illustriert
und sogar „Lachgeschichten" für die „Sendung
mit der Maus". Viele Bilder in diesem Lesebuch
kommen auch von ihr.*

**Frau Wiemers, wie sind Sie zu Ihrem Beruf der Illustratorin
gekommen?**
Ich habe schon als Kind sehr gern gemalt und alles vollgekritzelt.
Selbst die tapezierten Wände in unserer Wohnung waren vor mir
5 nicht sicher. Mit acht oder neun Jahren habe ich Bücher
„verschlungen" und war von den Bildern in den Büchern begeistert.
Da stand mein Entschluss schon fest:
Das möchte ich auch mal machen.
Später dann habe ich „Illustration" studiert.

10 **Lesen Sie gern? Welche Geschichten gefallen Ihnen besonders?**
Ja, ich lese sehr gern. Am wichtigsten ist mir dabei,
dass ich beim Lesen ganz tief in das Leben und die Gefühle der
Figuren eintauchen kann. In meinem Kopf entstehen dann Bilder.

Wie lange dauert es von einer Idee bis zur fertigen Zeichnung?
15 Das ist sehr unterschiedlich: Manchmal reichen einige Stunden,
manchmal dauert es mehrere Tage. Manchmal bin ich auch nicht
zufrieden mit einer Zeichnung, weil sie mit der Idee in meinem Kopf
nicht übereinstimmt. Dann brauche ich Zeit zum Überarbeiten.

Haben Sie auch Tage, an denen gar nichts gelingen will?
20 Oh ja, das kenne ich sehr gut. Bei neuen Projekten muss ich mich
erst mal warm zeichnen. So, wie ein Sportler sich warm macht.
Das ist oft sehr mühsam, aber es lohnt sich.

Mit welchen Materialien malen Sie am liebsten?

Meine ersten Bilderbücher habe ich aquarelliert
25 (mit Wasserfarben gemalt). Bei den „Lachgeschichten"
für die „Sendung mit der Maus" konnte ich dann mit vielen
unterschiedlichen Materialien experimentieren:
Ich habe zum Beispiel Collagen von alten Zeichnungen
und verschiedene Muster in die Zeichnungen eingefügt.
30 Seit einigen Jahren male und zeichne ich am Computer.
Dazu nutze ich einen speziellen Stift, mit dem ich
direkt auf dem Bildschirm zeichnen kann.
Ich mag es, Neues auszuprobieren.

Es gibt Bilder, die mehr zeigen, als der Text
35 **verrät.**
Wie kommen Sie auf diese Ideen?

Manchmal ist der Platz für ein Bild beschränkt.
So wie bei dem Gedicht „Ich will dich heut nicht
sehen" von Bernhard Lins.
40 Durch das geforderte Hochformat
kam ich auf die Idee mit dem Haus.
Und ich dachte mir, vielleicht handelt es sich
um zwei Jungs, die oft nachmittags draußen
spielen. Und der eine hat halt ziemlich
45 schlechte Laune und schickt den anderen
schon von seinem Zimmer aus weg,
bevor er das Haus betritt.
Der Blick von oben lenkt die Aufmerksamkeit
auf den schimpfenden Jungen.

 **1** Welche Stelle im Interview war für dich interessant?
Tausche dich mit einem Partnerkind aus.

› verschiedene Textsorten kennen und unterscheiden: Interview
› Kinderliteratur kennen: Illustrationen

Die Smartphone-Minuten

„Bitte, Mama, bitte, bitte, bitte." Ich hatte die Erfahrung gemacht, dass viermal „bitte" sagen bei meiner Mutter immer sehr gut ankommt. Nur dieses Mal funktionierte es nicht.

„Nein, Lina, die zwanzig Minuten Smartphone-Zeit sind um",
5   sagte meine Mutter.

„Aber ich will doch nur noch ganz schnell..." Noch bevor ich meine Bitte zu Ende formulieren konnte, nahm mir meine Mutter das Smartphone ab.

„Und was soll ich jetzt machen?", maulte ich.

10   „Was hältst du davon, wenn du dir die zusätzliche Zeit am Smartphone verdienst", fragte meine Mutter. „Du bekommst Smartphone-Minuten, wenn du mir hilfst."

„Mmm", brummte ich. „Und wie soll das gehen?"

„Lass uns mal überlegen. Wenn du die Spülmaschine
15   ausräumst, dann könntest du dir fünf Minuten Smartphone verdienen", sagte meine Mutter.

„Was? Nur fünf Minuten Smartphone für die Spülmaschine?" Das schien mir ein schlechter Handel zu sein. „Vielleicht sieben Minuten?",
20   fragte ich mit zuckersüßer Stimme.

„Na gut, dann sieben Smartphone-Minuten für das Ausräumen der Spülmaschine", sagte meine Mutter lachend. Und plötzlich machte es mir sogar Spaß zu überlegen, was
25   ich noch helfen könnte.

„Wäsche zusammenlegen zehn Minuten?", fragte ich.

„Abgemacht", sagte meine Mutter.

„Na, dann fang ich gleich mal an, die
30   Spülmaschine auszuräumen", sagte ich. Und irgendwie waren wir beide zufrieden. Meine Mutter und ich.

› altersgemäße Texte flüssig lesen

Zehn Wörter

Zehn Worte standen Schlange, denn es gab Eintrittskarten
für ein Buch. Das Auswahlverfahren war streng.
Natürlich wollten alle rein.
Das erste Wort war zu zappelig.
5 WABBELPUDDING ließ sich einfach nicht aufschreiben.
Wort zwei war HACKKLOTZ. Das war viel zu laut.
Das dritte Wort war albern. NACKTSCHNECKENNACKENPERÜCKE
konnte man nicht ernst nehmen.
Auch das viel zu lange PUMPERNICKELMEHLSTAUBHAUBE musste
10 weiterziehen. Dann kam BANANENSCHALENFLADEN.
Es war zum Gähnen.
Nummer sechs war zu altmodisch.
DONNERBALKEN kannte schließlich kein Mensch mehr.
Wort sieben war zu kurz. KLOPS war raus.
15 Das achte Wort war zu versaut. ... wurde sofort unkenntlich gemacht.
Nummer neun war zu leise. Es klang wie FLUSEN, bevor es
entschwebte.
Das letzte Wort hatte lange in der Schlange gewartet.
Immer wieder hatte es auf die Uhr geschaut und irgendwann
20 war es gegangen, denn um fünf fuhr sein letzter Bus.
Da nun das letzte Wort fehlte, drängten die abgewiesenen Worte nun
wieder Richtung Buch und schafften es schließlich hinein.
Dort drinnen richteten sie ein heilloses Durcheinander an.
Sie trampelten, polterten, klapperten, zischten, klirrten,
25 matschten, wirbelten, schliffen, knirschten
und glitschten über- und untereinander.
Das Buch wurde trotzdem ganz gut.
Das letzte Wort ist also gar nicht so wichtig.

Nadia Budde

Achte beim Zuhören darauf, welchen Auftrag die Kinder
von ihrer Musiklehrerin erhalten.

Mein Freund Otto, das wilde Leben und ich

Otto hat gesagt, wir sind viel zu brav. Seitdem denke ich
über das wilde Leben nach. Und ob Otto recht hat.
Und was wir tun sollen, wenn er recht hat. Denn dann
kann es nicht so bleiben. Er hat es natürlich nicht einfach
5   so gesagt, es gab schon einen Anlass. Und das ging so:

Wir hatten Musik bei Frau Schütz, was ziemlich langweilig ist.
Wir singen Lieder, die ungefähr hundertdreißig Jahre alt sind.
Oder zweihundert. Otto kann nicht singen und zwar, weil er die Töne
nicht trifft. Er brummt einfach und hofft, dass es einfach nicht auffällt.
10 Neulich hatten wir noch eine Viertelstunde Zeit und Frau Schütz sagte:
„Ich habe eine Überraschung für euch." Und tatsächlich fragte sie Otto,
ob er am elektronischen Whiteboard den Videokanal einstellen könnte.
Wir haben in der ganzen Schule diese elektronischen Whiteboards, was
natürlich eigentlich ganz cool ist.
15 Wenn die Lehrer sie bedienen könnten. Können sie aber nicht. Die einen
versuchen eine halbe Stunde lang fluchend, das Ding in Gang zu bringen, und
hören dann mit hochrotem Gesicht auf. Die anderen suchen mit wichtiger Miene
einen Gedichttext im Internet und werfen ihn dann triumphierend an die Wand.
Am besten war die Geschichte von Herrn Dr. Wilmroth, der das elektronische
20 Whiteboard für eine Art weiße Tafel hielt und anfing, mit Stiften darauf
herumzumalen. Die schreienden Schüler ignorierte er. Erst als er sich selber
verbessern wollte und die Schrift sich nicht abwischen ließ, bemerkte er seinen
Irrtum. Zu spät. So gesehen war es ziemlich okay von Frau Schütz, dass sie schon
mal von einem Videokanal gehört hatte und die Sache vernünftigerweise einem
25 Schüler überließ. Jedenfalls tippte Otto zweimal auf dem Gerät herum und hatte
die richtige Internetseite gefunden. Frau Schütz sah ihn mit einem Ausdruck
ehrlicher Bewunderung an. Das war Otto im Musikunterricht noch nicht
passiert. „Bitte gib mal ‚Bruda Berlin' ein", sagte sie. Otto tippte in die
Suchmaske und auf dem elektronischen Whiteboard erschien das Bild eines
30 Jungen. Frau Schütz drückte auf „play". Der Junge auf dem Video begann
ziemlich lässig eine Straße entlangzugehen und sang dabei, was das Zeug hielt.

„Ich bin Bruda Berlin und rappe vor mich hin, hab nichts Anderes
im Sinn, weil ich Gangsta bin. Ich bin Bruda Berlin und gehör
hier hin, du, ich schlag dir gleich aufs Kinn, weil ich Gangsta bin."
So ging das weiter und nach ein paar Minuten hätte ich mitsingen können.

35 Es war echt still im Klassenraum. Der Junge im Video war cool, das musste man
sagen, und dabei war er nur ein paar Jahre älter als wir. Frau Schütz gelang
es, das Video zu stoppen, und sie sah uns erwartungsvoll an.
„Mahmud ist dreizehn und hat das Video selbst produziert und geschnitten",
sagte sie. „Es hat hundertzwanzigtausend Klicke, oder wie das heißt."

40 „Klicks!", korrigierte ich sie. „Wie auch immer – ich möchte, dass ihr einen Rap
macht und vor der Klasse aufführt. Ihr könnt euch auch zu zweit oder zu dritt
zusammentun, dann müssen nicht alle singen. Es soll um irgendetwas gehen,
das mit euch zu tun hat."
„Kriegen wir eine Note dafür?", fragte Franzi, die in allen Fächern die Beste

45 war. „Ja", sagte Frau Schütz. „Fürs Singen?", fragte Otto. Er klang ängstlich.
„Nein, es muss nicht jeder singen", sagte Frau Schütz. „Aber ihr sollt das Lied
zusammen erfinden."
Otto holte mich auf der Treppe ein. „Matti", sagte er, mit einer Stimme so
weich wie Samt und Seide. „Nein", antwortete ich. „Du weißt doch noch gar

50 nicht, was ich dich fragen wollte." „O, doch!", sagte ich. „Du willst mit mir
rappen. Nur, dass du nicht singen kannst. Macht nix. Aber du kannst auch
nicht reimen. Das heißt, ich muss alles alleine machen." „Och, Matti",
sagte Otto. Und damit hatte er mich. „Aber nur, wenn du wenigstens
mitdenkst", sagte ich. „Klar!", rief er. „Ich denk voll nach. Versprochen!"

55 Ich hielt ihm die Hand entgegen. Er schlug ein. „Nur mit dem Gangsta-Rap,
das wird schwierig", sagte er. „Wieso?", fragte ich. Er sah mich an,
vollkommen ruhig und vollkommen ernsthaft. „Wir sind viel zu brav",
sagte er. Und je länger ich darüber nachdenke, desto nervöser macht
mich das. Denn ehrlich, Otto hat absolut recht.   [verändert, gekürzt]

Silke Lambeck

 **1** Warum reagiert Matti abweisend auf die Bitte von Otto? Erkläre.

 **2** Was könnte Otto damit meinen, dass sie „viel zu brav" sind? Erzähle.

› lebendige Vorstellungen beim Hören literarischer Texte
entwickeln
› Inhalte zuhörend verstehen

103

Lies vorwärts oder rückwärts und beginn, wo du willst.

Hans Manz

Die Kiste ist zu schwer.

Man sollte die Kiste heben.

Ich brauche ein Werkzeug.

Das Werkzeug ist im Haus.

Ich bin im Garten.

Ich kann nicht fortlaufen.

Mein Fuß steckt unter der Kiste.

Der Fuß tut mir weh.

Es ist kaum auszuhalten.

Die Zehen sind nicht aus dem Schuh heraus.

Ich kann nicht aus dem Schuh heraus.

Die Zehen sind festgeklemmt.

Ich kann mir allein nicht helfen.

 **1** Suche dir einen Satz aus und lies die folgenden Sätze.

 **2** Probiere es mit einem anderen Satz aus. Du kannst auch rückwärts lesen.

Sätze, die sich in den Schwanz beißen.

 **1** Wenn du den Satz mit „Weiss" beginnst, dann kannst du nicht mehr aufhören zu lesen. Probiere es aus.

 **2** Welche unterschiedlichen Bedeutungen hat das Wort „weiß"? Erkläre.

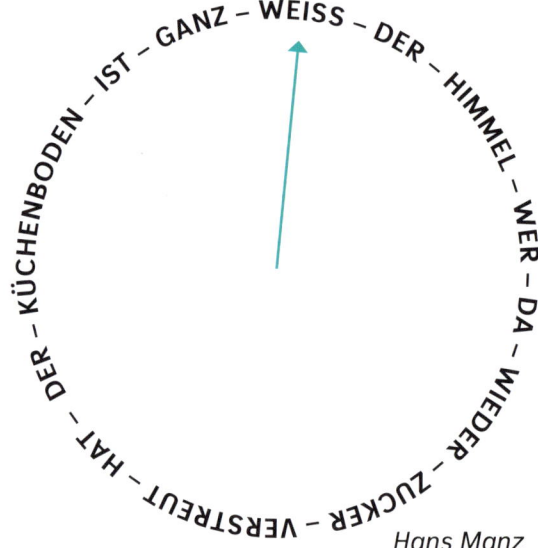

IST – GANZ – WEISS – DER – HIMMEL – WER – DA – WIEDER – ZUCKER – VERSTREUT – HAT – DER – KÜCHENBODEN –

Hans Manz

› mit Sprache experimentell und spielerisch umgehen

Eine App – Was ist das?

> Sprich: Äpp

> Sprich: Äplikäischen

App ist die Abkürzung für das englische Wort „application".
Eine App ist ein Zusatzprogramm für Computer, Smartphones
oder Tablets. Apps bieten spezielle Informationen
zu bestimmten Themen an.
Es muss ein Vertrag mit dem Anbieter abgeschlossen
werden, um eine App herunterzuladen. Da nur
Erwachsene einen Vertrag abschließen dürfen,
darfst du die Apps nur gemeinsam mit Erwachsenen
downloaden*. Manche Apps sind kostenfrei oder kosten
sehr wenig.

- Wenn du Fußballfan bist und wissen möchtest, ob dein
  Lieblingsverein gewonnen hat, gibt es eine App, die dich
  sofort über ein Tor informiert.

- Wenn du wissen möchtest, wie das Wetter zum Wandertag wird,
  kannst du dir eine App zur Wettervorhersage anschauen.

- Wenn du dir gerne am Smartphone die Zeit vertreiben möchtest,
  kannst du aus vielen Angeboten eine Spiele-App auswählen.

- Wenn du einen eigenen Film oder ein Hörspiel gestalten
  möchtest, kann dir eine App dabei helfen.

Wichtige Regel

**Lade nie Apps ohne Erwachsene herunter!
Prüfe gemeinsam mit einem Erwachsenen, welche
Daten du eingeben darfst und welche Berechtigungen
freigeschaltet werden.**

*downloaden ⟶ herunterladen

› Angebote im Internet kennen, nutzen und begründet auswählen
› Informationen im Internet suchen

Redewendungen

A

B

C

D

E

F

1. Eine Stecknadel fallen hören
2. Das Gras wachsen hören
3. Den Wald vor lauter Bäumen nicht sehen
4. Alles durch die rosarote Brille sehen
5. Sich den Mund verbrennen
6. Die Ohren spitzen

 **1** Ordne die Redewendung den Bildern zu.

 **2** Schau dir das Bild und den Text an. Erkläre die Redewendung.

› verschiedene Textsorten kennen und unterscheiden:
Redewendungen
› mit Sprache experimentell und spielerisch umgehen

Detektivwissen üben + überprüfen

W-Fragen stellen

Das konntest du auf den Seiten 92 – 97 üben.
Hier kannst du weiterüben und überprüfen, ob du es kannst.

Die Leseratte und die Spinne

Seit sieben Stunden sitzt ein Mann
im Schatten unter einem Baum.
Man hört ihn rascheln dann und wann,
aber sonst hört man ihn kaum.
5   Er liest in einem dicken Buch.
Da bekommt der Mann Besuch.

Eine Spinne schwebt heran,
die doch gar nicht fliegen kann!
Im Aufblicken erkennt der Mann:
10 Sie hängt an einem Faden dran,
der bis zu seiner Nase reicht,
fast unsichtbar und spinnwebleicht.

Der Mann sagt zu seinem Besuch:
„Ich hänge auch – an meinem Buch."

Georg Bydlinski

 **1** Lies den Text.

Tipp
Seite 150

 **2** Stelle die W-Fragen und beantworte sie.

Schätze dich ein und notiere.

 Das kann ich super.    Das kann ich ein bisschen.
Das kann ich gut.    Das kann ich noch nicht gut.

› sich und andere kompetenzorientiert einschätzen
› zentrale Aussagen eines Textes erfassen und wiedergeben
› Aussagen mit Textstellen belegen

Kapitel 6

träumen – fragen – nachdenken

Britta Teckentrup

Was wird wohl aus mir werden?

WELCHE LÜGE FINDEST DU BESONDERS SCHLIMM?

WARUM SAGEN WIR NICHT IMMER DIE WAHRHEIT?

Bitte nicht stören

Nicht die Ameise von der Zehe schnippen
nicht das Gesicht aus der Sonne drehen
nicht das Kitzeln an der Nase wegkratzen
nicht die Haare aus der Stirn streichen
nicht die Biene verscheuchen
nicht die Augen öffnen

Nicht stören lassen
beim Träumen

Elisabeth Steinkellner

› eigene Gedanken zu Texten entwickeln
› mit anderen über Texte sprechen
› zu Texten Stellung nehmen

109

Kein Treffen, oder was?

Lulu, Umut, Paul und Elsa kleben Fotos in ihr Detektiv-Album ein.
Paul hat nicht wirklich Spaß dabei.
„Sind wir jetzt endlich fertig?", fragt er.
Elsa schüttelt den Kopf. „Wir müssen die Fotos noch beschriften."
5   Geschafft! Am Schluss vereinbaren sie das nächste Treffen.
Paul zieht seine Jacke an und sagt: „Am Samstag hab ich keine Zeit.
Ich mache ein neues Experiment mit meinem Chemiebaukasten."
Lulu, Elsa und Umut sind geschockt.
Bis jetzt hat noch nie jemand ein Treffen abgesagt.
10   Team LUPE, das sind vier, nicht drei Detektive. Aber Paul meint es
ernst. Seine Freunde reden kurz miteinander. Dann schlägt Umut vor:
„Vielleicht sollten wir das Treffen besser verschieben."
Lulu seufzt. „Das können wir ja morgen entscheiden."
Sie verabschieden sich und gehen nach Hause.

15   Am Freitag stecken Lulu, Elsa und Umut im Pausenhof die Köpfe
zusammen. Sie sind sich einig: Das Treffen darf nicht ausfallen!
Gemeinsam denken sie sich etwas aus, falls Paul doch kommt.
Sie machen einen Plan.

Am Samstag sind Lulu, Elsa und Umut extra früh im Gartenhäuschen.
20   Sie setzen sich an den Tisch, essen Muffins und warten.
Plötzlich knarrt die Tür. Paul steckt den Kopf herein.
„Ihr seid ja doch da!" Umut grinst. „Eigentlich habe ich überhaupt
keine Zeit. Ich erfinde gerade ein neues Computerspiel.
Mit Geheimagenten, die haben
25   magische Kräfte.
Alles streng geheim!"
Paul schluckt.
„Echt jetzt?"
Umut nickt.

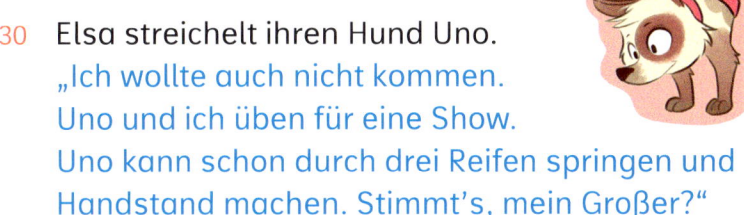

30   Elsa streichelt ihren Hund Uno.
„Ich wollte auch nicht kommen.
Uno und ich üben für eine Show.
Uno kann schon durch drei Reifen springen und
Handstand machen. Stimmt's, mein Großer?"

35   „Wau, wau!" Uno wedelt mit dem Schwanz.
Paul macht den Mund auf und vergisst, ihn wieder zuzumachen.
Da erzählt Lulu: „Nur dass ihr es wisst: Ich wollte heute
an den See. Ich tauche zehn Meter tief, bis zu den
Seeschlangen. Die sehen voll gruselig aus,

40   sind aber ganz harmlos."
Paul räuspert sich. „Stimmt das wirklich?"
Lulu zwinkert Elsa und Umut zu.
„Nein, das war alles gelogen! Wir wollten dich bloß
ein bisschen ärgern, Paul. Und jetzt erzähl mal:

45   Warum bist du jetzt doch hier?"
Paul rollt an den Tisch. „Ich habe nicht gelogen.
Aber ihr habt mir gefehlt", nuschelt er.
„Und ich kann euch doch nicht alleine lassen,
wenn hier plötzlich ein Einbrecher hereinspaziert."

50   Damit schnappt Paul sich einen Muffin.
Alle lachen und umarmen sich.
„Toll, dass du da bist, Paul!",
sagt Umut.

Henriette Wich

Lotto will was werden

Irgendwie ist das ein Riesenthema: was ich einmal
werden will. Mama und Papa fragen mich das ständig.
Und wildfremde Menschen, die mit Mama und Papa
Kaffee oder Wein trinken, fragen mich das auch
5   andauernd. Wenn ich jetzt mal so darüber nachdenke,
dann fragen mich fremde Menschen eigentlich immer nur drei Dinge:
Wie ich heiße, wie alt ich bin und was ich mal werden will.

Das mit dem Alter ist klar: fast neun. Und das mit dem Namen ist auch
einfach: Ich sage nur „Lotto" und grinse. Mama hat mir versprochen,
10   nichts zu verraten. Nicht, dass ich eigentlich Charlotte heiße, und nicht,
dass ich mich Lotto nenne, weil man beim Lotto saureich
werden kann, supersaureich.

Das mit dem Werdenwollen ist ein bisschen schwieriger.
Ich mag die Frage nicht, überhaupt nicht. Manchmal
15   denke ich, Mama und Papa haben vielleicht Angst, dass
ich gar nichts werden will oder Räuberin.

Heute beim Abendessen haben Mama und Papa zur
Abwechslung mal gefragt, ob ich Fußballerin werden will.
Wie Papa darauf kam, dass ich unbedingt Fußballerin werden will?
20   Ich habe vor dem Essen nur kurz mit ihm unten im Hof gekickt.
Und als ich dreimal hintereinander zwischen die beiden Bäume
getroffen habe, hat Papa fast geheult. Und jetzt schaut er mich
so komisch an und fragt:
„Willst du denn vielleicht mal Fußballerin werden?"
25   Ich? Auf keinen Fall! Ich hasse es, wenn mir heiß ist, und ich hasse
Schwitze. Aber es ist nicht nur beim Kicken so, dass Mama und Papa
sofort einen Beruf für mich haben wollen. Wenn ich zum Beispiel was
aufschraube, das komplizierter ist als ein Marmeladenglas – den alten
Wecker von Oma oder so – dann kommt sofort:
30   Willst du mal Ingenieurin werden? Hä? Ingeniöörin!
Ich will überhaupt nichts werden, wenn man mich so fragt.

› Kinderliteratur kennen: Werke, Autoren und Autorinnen, Figuren, Handlungen

Und „Ingeniöörin" schon gar nicht.
Wenn man mich *nicht* fragt, was ich werden will oder ob ich
Fußballerin werden will, dann will ich tausend Sachen werden.
35 Raketenchefin und Zirkusdirektorin.
Aber das ist noch längst nicht alles.
Ich probiere dauernd aus, was ich noch alles werden könnte.
Also im Kopf. Das ist wie verkleiden, nur noch toller, weil man
alles sein kann – ganz ohne Kostüm.
40 Ich verrate das aber niemandem, weil ich nicht mag,
wenn irgendwer dann denkt: das wär's schon. Also: Raketenchefin
und basta. Oder Zirkusdirektorin und basta. So als ob man
nur eine Sache werden könnte. Nur weil die Erwachsenen
meistens eine Sache sind und basta.

45 Ich werde jetzt jeden Tag über einen anderen Beruf
nachdenken. Ich liebe es, über Berufe nachzudenken.
Also: montags Raketenchefin, dienstags Zirkusdirektorin
und so weiter. Dann schauen wir mal, ob Mama und Papa
immer noch denken, dass ich Fußballerin werden will
50 und basta. Oder ob mit dieser doofen Frage dann auch
mal basta ist und sie endlich verstehen, dass man in
meinem Alter noch alles Mögliche werden kann.
Was ich übrigens nicht werden will (nie, niemals):
Brokkolizüchterin, Marzipantestesserin, Zahnärztin, Tätowiererin
55 und alles mit Spinnen. Nur damit das klar ist. [gekürzt]

Annika Reich

 **1** Lotto denkt nicht gern über Berufe nach. Stimmt das?
Begründe mit der passenden Textstelle.

 **Tipp
Seite 152**

 **2** Schreibe Stichworte zum Abschnitt „Beim Abendessen"
auf (Zeile 17 – 34). Erzähle einem Partnerkind den Abschnitt
mithilfe der Stichworte.

 **3** Denkst du darüber nach, was du einmal werden möchtest? Erzähle.

› Aussagen mit Textstellen belegen
› eigene Gedanken zu Texten entwickeln
› Texte mit eigenen Worten wiedergeben

Zwischen Tag und Traum

Kommt ein Boot durch die Luft geflogen,
Boot aus Papier, aus Gras, aus Vorgestern.
Landet auf meiner Handfläche,
vor meinem Fuß, auf meinem Bett.
Erzählt mir vom offenen Fenster,
vom Meer, von der Insel mit den Honigbäumen.
Schon schlafe ich, schon bin ich wach,
schon sind wir aus dem Haus und
hoch über der Stadt ...

Heinz Janisch

Luft   boat

Boot   Meer

air

house

Haus

ocean

hand   Hand

Uçarak bir kayık gelir,' kağıttan, ottan,
geçmişin hatıralarından.
Konar avucumun içine,
ayaklarımın önüne, yatağımın üstüne.
Anlatır bana açık pencerelerden, denizlerden,
ballı ağaçları olan adalardan.
Bir uyur, bir uyanır, evden çıkar şehrin üzerinde
süzülürüz birlikte ...

 **1** Lies das Gedicht. Zeichne ein Bild dazu.

 **2** Kannst du das Gedicht in der anderen Sprache lesen?
Welche Sprachen sprichst oder verstehst du?

› selbst gewählte Texte zum Vorlesen vorbereiten
und sinngestaltend vorlesen
› handelnd mit Texten umgehen

Nachtflug

Zwei Ziegen fliegen durch die Nacht,
die erste grinst, die zweite lacht.
Die erste grölt, die zweite singt,
derweil der Wind sie südwärts bringt.
Ein Bauer schaut hinauf und raunt:
„Warum sind sie so gut gelaunt?"
„Ich denke, es muss daran liegen,
dass Ziegen ziemlich selten fliegen."

Gerald Jatzek

Was ich dir wünsch'?
Ich weiß schon was!
Ich wünsch dir eine Reise.
Ich stell' dir einen Fahrschein aus.
Sag nur wohin! Sag's leise!

Elisabeth Borchers

Träumen

Wo die Nacht wohnt
und der Mond wacht
sind Sterne zuhaus
schicken Boten aus
auf die Erde
wo Kinder träumen
von blauen Bäumen
vom Mond, der lacht
in der goldenen Nacht
und von fernen
tanzenden Sternen.

Margret Klare

 **1** Welches Gedicht gefällt dir am besten? Begründe deine Auswahl und trage das Gedicht vor.

 **2** Vergleicht die Texte auf dieser Doppelseite. Was ist gleich, was ist anders?

› Unterschiede und Gemeinsamkeiten von Texten finden
› selbst gewählte Texte auswendig vortragen

Suche dir einen Text aus und lies ihn.

Echt wahr?

 **1** **Lügt jeder?**

Lügen bedeutet, dass man bewusst die Unwahrheit sagt.
Die Wahrheit ist: Wir lügen alle.
Wir lügen, weil uns etwas peinlich ist. Manchmal lügen wir,
um anzugeben und vor anderen besser dazustehen.
5 Der Hauptgrund für eine Lüge ist aber Angst. Wir schwindeln,
weil wir etwas angestellt haben und uns vor der Strafe fürchten.
Auch wenn wir bei einem Spiel schummeln, ist das eine Art von Lüge.
Wir betrügen, um zu gewinnen und weil wir vielleicht nicht gut
verlieren können.

 **2** **Lügen Tiere?**

Die Blattheuschrecke tut einfach so, als wäre sie ein Blatt.
Sie täuscht ihre Umwelt, indem sie sich tarnt. So ist sie
vor Feinden besser geschützt.
Pavianjunge Paul ist ein ziemlich gewitzter Kerl. Wenn er einen
5 Pavian sieht, der Obst oder etwas anderes Leckeres gefunden hat,
dann schreit er ganz laut, als würde er von jemandem bedroht.
Und was passiert dann? Dann kommt seine Mutter herbeigeeilt
und vertreibt den anderen Pavian. Meist lässt der das Obst fallen,
um schneller flüchten zu können. Mit wütenden Pavianmüttern ist
10 nämlich nicht zu spaßen. Und Paul? Der schnappt sich das Obst
und futtert es in aller Ruhe auf. Kann Paul also lügen?
Die Wissenschaftler sind darüber uneinig, ob Tiere lügen
können oder nicht.

 **3** **Lügen Erwachsene?**

Seemannsgarn, so nennt man Geschichten,
die Seeleute von ihren Erlebnissen auf dem Meer
erzählen. Dabei übertreiben sie nicht nur maßlos
und berichten von riesigen Fischen, die sie gefangen
5   haben, sondern sie erfinden auch Monsterwellen,
Seejungfrauen, Meeresungeheuer und allerlei
verrückte Begebenheiten.

Der Baron Münchhausen war ein Geschichtenerzähler
und Lügner. Zum Beispiel erzählte er, dass er auf einer Reise
10   sein Pferd an einen Pfahl angebunden habe. In Wirklichkeit sei das
aber eine Kirchturmspitze gewesen, die er nicht erkennen
konnte, weil so viel Schnee lag. Nach der Schneeschmelze
sei sein Pferd am Kirchturm gehangen und er habe mit
seiner Pistole die Zügel durchschießen müssen, um es
15   zu befreien. Dann sei das Pferd heruntergepurzelt
und er habe seine Reise fortsetzen können.

Früher haben Erwachsene Kindern erzählt, der Storch würde
die Babys bringen. Erst würde er einer Frau ins Bein beißen
und ihr dann ein Baby schenken, das er aus dem Teich geholt
20   hatte. Früher glaubte man nämlich, dass im Wasser die Seelen
der ungeborenen Babys wohnen. Aber warum hat man
den Kindern solche Lügengeschichten erzählt?
Vielleicht glaubten die Erwachsenen, dass sie
kleinen Kindern noch nicht erzählen können,
25   woher Babys wirklich kommen.

[verändert, gekürzt]

Antje Damm

 **1** Was erfährst du über das Lügen? Schreibe Stichworte auf
und erzähle.

› Texte genau lesen
› zentrale Aussagen eines Textes erfassen und wiedergeben
› Texte mit eigenen Worten wiedergeben

117

Liebe Mama,

während du weg warst,
hat sich eine Tasse zerbrochen,
und die blaue Vase, die dein Ururgroßvater
aus China mitgebracht hat,
5 hat sich angeknackst.

Das Waschbecken ist übergelaufen,
ohne dass ich den Hahn aufgedreht hätte.
Ein komischer Marmeladenfleck,
ungefähr so groß wie eine Jungenhand,
10 prangte plötzlich auf der Küchenwand.

Ich fürchte, wir werden nie erfahren,
wie die Katze die Waschmaschine einschalten konnte
(vor allem von innen)
oder wie der Hefeteig von ganz allein aufging.

15 Ich hatte richtig Muffensausen,
als eine Reihe matschiger Fußspuren
wie durch Zauberhand
auf dem neuen, weißen Teppich erschien.

Ich war ganz brav (ehrlich),
20 aber ich glaube, unser Haus ist verflucht,
und da ich weiß, dass du einen Anfall bekommst,
gehe ich kurz rüber zu Oma.

Tipp
Seite 152

Brian Patten

 1 Ist das wirklich passiert? Begründe deine Meinung.

 2 Schreibe dir zu jeder Strophe ein oder zwei wichtige Wörter auf und erzähle mithilfe deiner Stichworte, was passiert ist.

118
› lebendige Vorstellungen beim Lesen literarischer Texte entwickeln
› Texte mit eigenen Worten wiedergeben

Die größte Lüge meines Lebens

Ich tue so, als ob es mir schwerfiele anzufangen.
Dabei habe ich diese Szene so oft im Kopf geprobt, dass ich
genau weiß, was ich sagen werde. „Na los, Clara!",
Frau Gorse gibt nicht auf.
5 „Sag mir ruhig, was du mir sagen musst."
„Meine Eltern sind nicht meine echten Eltern", sage ich und
schaue ihr dabei direkt in die Augen.
„Aber, woher weißt du, dass … "
Sie kann ihren Satz nicht zu Ende bringen. Ich helfe ihr:
10 „Sie haben es mir letzte Woche gestanden. Genau in der Woche,
in der ich den *Däumling* lesen wollte. Als ich das erfahren habe,
war ich so verstört, dass ich mich nicht konzentrieren konnte."
„Na gut", sagt sie, „ich verstehe, dass diese Neuigkeit ein
Schock war. Aber deine Eltern lieben dich und darauf kommt es an."
15 „Ja, aber wenn sie von meiner Sechs erfahren …"
„An die Sechs denken wir jetzt einfach nicht mehr", sagt Frau Gorse.
„Ich verstehe, dass dir nicht der Kopf danach stand,
dieses Buch zu lesen, und ich verstehe auch, dass …"
Sie hört gar nicht mehr auf zu verstehen.
20 Sie führt ihren Satz nicht zu Ende, ihre Augen glänzen.
Als ich aus der Schule komme, balle ich die Fäuste in den Taschen.
„Es hat geklappt! Keine Sechs!" Aber ich spüre einen Kloß in
meinem Hals. Ich muss an Frau Gorse denken, wie sie so traurig
aussah und sagte: „Ich verstehe, ich verstehe."
25 Wenn man so will, gibt es dieses Mädchen, das sie so gut
versteht, gar nicht. Ich fände es gut, auch dann
verstanden zu werden, wenn ich die Wahrheit sage. [gekürzt]

Nathalie Kupermann

 **1** Welche Lüge erzählt Clara? Nenne die Zeile, in der die Antwort steht.

 **2** Warum lügt Clara? Erkläre.

› gezielt einzelne Informationen suchen
› eigene Gedanken zu Texten entwickeln
› zu Texten Stellung nehmen

119

Seltsamer Besuch

Mitten in der Nacht landet ein Mädchen mit Maske und schwarzem Umhang in Florians Zimmer und behauptet, eine Fee zu sein.

„Du bist gar keine Fee!", rufe ich ärgerlich. „Erstens haben deine Klamotten die falsche Farbe. Feen mögen alles, was glitzert. Davon abgesehen hat eine Fee gar keinen Umhang!"

„Ach ja?", fragt das Mädchen. „Und womit fliegt sie dann?"

5 „Mit ihren Flügeln!" Was für eine doofe Frage.

„Pfff", macht das Mädchen. „Flügels! Die sind total out. Die stören morgens beim Anziehen!"

Jetzt werde ich echt ärgerlich. Als ob Feen sich anziehen müssten! Die schwenken einfach nur ihren Zauberstab und schon tragen sie
10 neue Klamotten. „Du bist zu blass für eine Fee", sage ich.

„Zu blass?!", erwidert das Mädchen. „Eine moderne Fee meidet die Sonne, damit sie keine Faltens bekommt. Jetzt reicht's mir aber wirklich, Herr Schlaumeier", schimpft das Mädchen. „Raus mit der Sprache, wie viel Fees kennst du persönlich?"

15 „Keine", gebe ich zu. „Aber ich weiß immerhin, dass es Feen heißt. Eine Fee. Zwei Feen."

„Papperlapapp", empört sich das Mädchen. „Wir echten Fees sagen Fees. Und Abenteuers.
20 Und Schokolades. Und genau davon genehmige ich mir jetzt ein Stückchen. Für meine Nervens."

[gekürzt]

Lena Hach

Ein seltsames Päckchen

„Es hat sich bewegt!", riefen Nemo und Fred gleichzeitig.
„Da ist was Lebendiges drin!", japste Nemo. „Wie cool ist das denn?"
Nemo nahm einen Schraubenzieher. Kurz bevor er den Deckel
aufhebelte, sah er Fred fragend an. Fred schüttelte den Kopf.

5 Das Holz splitterte. Ein Spalt klaffte im Deckel. „Was bitte soll
das denn sein?", schnaubte er enttäuscht. „Ein ausrangiertes
Spielzeug?" Ein weißes Zottelmonster mit einem schwarzen Fleck
auf der Brust und dunklen Glasaugen starrte ihn grimmig an.

„Sieht aus wie ein Yeti!" Neugierig musterte Fred das langhaarige
10 Plüschwesen. „Ein Yeti?", wiederholte Nemo. „Kann man den
aufziehen oder warum hat sich die Kiste bewegt?" „Wahrscheinlich",
vermutete Fred. „Egal, gehen wir zur Schule."

Nemo trat ins Freie. Der Wind war eisig. Und das im Juni? Schon im
nächsten Moment fegten dichte Graupelschwaden durch den Garten.
15 War das Schnee? Plötzlich, mitten im Schneegestöber, meinte er eine
Bewegung auszumachen. Eine Katze?

Nein, das Wesen lief auf zwei Beinen.
Nemo schluckte. Wenn er ehrlich war,
wusste er genau, was er da sah.
20 Aber er wollte es nicht wahrhaben.
Kein Zweifel.
Da schlurfte das Zottelmonster an ihm
vorbei und heulte wie ein Kind, das seine
Mutter verloren hat: „Weil heim!" [gekürzt]

Charlotte Habersack

Achte beim Zuhören darauf, was Gilli macht.

König sein

Leo war klein, aber er hatte allen große Versprechen
gemacht. Doch dann veränderte sich Leo. An dem Tag, als
er König wurde, gab es ein großes Fest.
Er ernannte die größten Gorillas zu Soldaten und bezahlte
5   sie mit Erdnüssen. Wer ihn besuchen wollte, wurde nur
auf Knien zu ihm vorgelassen und musste „Eure Majestät"
zu ihm sagen.
Die Tiere fingen an zu protestieren. Nun wurde Leo sehr grausam.
Und je böser er wurde, umso größer kam er sich vor. Auf seinem Thron
10 stehend begann er, die Gesetze nach seinen Launen zu ändern.
Eines Tages erfand er ein Gesetz, das den Vögeln das Fliegen verbot.
Die Eltern sollten ihren eigenen Vogelkindern schon bei der Geburt
die Flügel brechen. Das wollten sich die Tiere nicht länger gefallen lassen.
Um seine Untertanen zu beschäftigen, begann Leo einen Krieg. Von seinem
15 Balkon aus betrachtete er die Schlacht. Das gefiel ihm sehr.
Am Rande des Königreichs lebte Marie und erwartete ihr erstes Kind.
Als ihr Junges zur Welt kam, purzelte es aus seinem Ei heraus. „Du bist aber
ein witziges Kerlchen! Ich werde dich Gilli nennen", sagte Marie.
Marie liebte ihren Sohn so sehr, dass sie vergaß, ihm die Flügel zu brechen.
20 Eines Tages zog der König dort vorbei, wo Gilli wohnte. „Hoch lebe der König",
riefen die Tiere. „Wieso eigentlich?", fragte Gilli. Alle Tiere drehten sich zu ihm.
„Wenn er so böse ist, warum ist er dann König?", fragte Gilli.
„Weil er die Krone trägt", antworteten die Tiere. „Das ist ja lächerlich!", rief
Gilli, bewegte die Flügel und … flog davon.
25 Die Tiere hielten erschrocken den Atem an.
Gilli flog bis zum König und schnappte ihm die Krone vom Kopf. „Reißt ihm
die Flügel aus!", brüllte Leo, tobend vor Wut.
Aber gegen einen kleinen Vogel, der durch die Luft fliegt, ist jeder machtlos.
Gilli sah ein Schwein und setzte ihm die Krone auf. Da hielten sich alle
30 Tiere die Bäuche vor Lachen. Aber das Schwein nahm seine Rolle sehr ernst
und verkündete: „Einmal im Jahr waschen, das genügt von jetzt an völlig.
Und Fleischfressen ist künftig verboten."

„Lächerlich!", sagte Gilli, nahm dem Schwein die Krone wieder weg und setzte sie dem Krokodil auf den Kopf, das verkündete: „Alle fetten,

35 kleinen Ferkelchen haben sich zur Mittagszeit in Achtergruppen bei mir zu melden!" „Lächerlich!", sagte Gilli, nahm die Krone und setzte sie dem Esel auf den Kopf, der rief: „Lesen und Schreiben ist ab sofort verboten ... Und Nachdenken auch!" „Lächerlich!", sagte Gilli, nahm die Krone und setzte sie dem Fuchs auf den Kopf, der verkündete: „Von heute

40 an sollen alle Hühner und Kaninchen, alle Gänse und alle Enten nur mehr frei herumlaufen. Ich möchte keine Ställe mehr sehen!"
„Lächerlich!", sagte Gilli, nahm dem Fuchs die Krone wieder weg und setzte sie dem Gorilla auf den Kopf, der kratzte sich ganz lange den Schädel und murmelte: „... vielleicht sollten wir die Krone einfach wieder dem Löwen

45 zurückgeben?" „Völlig lächerlich!", sagte Gilli, nahm die Krone in den Schnabel und flog ganz hoch in den Himmel hinauf, und flog sehr lange, bis er eine riesige blaue Fläche entdeckte. Hier ließ er die Krone fallen.
Die fiel und versank im Meer.
Erleichtert beschloss Gilli, sich auf den Weg in neue Welten zu machen.

50 Tief unten im Meer jedoch machte
der kleine Fisch Nero
den Meeresbewohnern
viele große Versprechungen ...
[gekürzt]

Mario Ramos

 **1** Was macht Gilli mit der Krone des Königs? Erzähle.

 **2** Warum ist Leo kein guter König? Begründe.

 **3** Wie verhalten sich die Tiere, nachdem sie die Krone auf dem Kopf haben? Berichte.

 **4** Wie würdest du dich verhalten, was würdest du tun, wenn du König oder Königin wärst? Tausche dich aus.

› Inhalte zuhörend verstehen
› zentrale Aussagen des Textes erfassen und wiedergeben
› zu Texten Stellung nehmen

123

Träum weiter

[gekürzt]

Jörg Mühle

› lebendige Vorstellungen beim Lesen literarischer Texte entwickeln
› Lesefreude empfinden

Wenn Bilder lügen

Wolltest du nicht immer schon mal fliegen?

- Lege dich auf den Boden.
- Stell dir vor, der Fußboden wäre der Himmel
  und du würdest fliegen.
- Lass dich von oben fotografieren und drucke das Foto aus.
- Schneide die Umrisse deines Körpers genau aus.
- Zeichne einen Hintergrund für dein Bild und klebe das Foto auf.
- Zeichne auf einem weiteren Blatt, was dich in die Luft trägt.
- Schneide auch dieses Bild aus und klebe es dazu.

› Texte genau lesen
› handelnd mit Texten umgehen: collagieren
› verschiedene Sorten Sach- und Gebrauchstexte kennen

125

Gespenster

Ich sitz, in tiefem Schlafe liegend,
im Traum an meinem ✕✕✕✕✕✕✕✕.
Und mich in diesem Traume wiegend,
was sehe ich? ✕✕✕✕✕✕✕✕✕✕✕.

Sie winken still. Sie klopfen ✕✕✕✕✕✕.
Gespenster wollen immer
dasselbe nach der langen Reise
in ein warmes ✕✕✕✕✕✕✕.

„Ihr seid doch gestern dagewesen,
wir sangen hundert ✕✕✕✕✕✕✕.
Ich hab euch auch was ✕✕✕✕✕✕✕✕✕✕✕.
Was wollt ihr denn schon wieder?"

„Ich habe Hunger", sagt das eine.
„Ich ✕✕✕✕✕✕", sagt Nummer zwei.
„Ich kann nicht ✕✕✕✕✕✕✕✕✕ so alleine",
lügt langsam Nummer drei.

„Ich muss mir noch die ✕✕✕✕✕✕✕✕✕✕✕✕✕",
rufen die andern zehn.
„Und deine Zahnpasta ✕✕✕✕✕✕✕✕.
Dann können wir gleich gehn."

„Gespenster haben keine ✕✕✕✕✕✕!
Husch, husch, und ab durchs ✕✕✕✕✕✕✕!"
„Ich muss mal!", flüstert, als ich gähne,
das letzte der ✕✕✕✕✕✕✕✕✕✕✕. [gekürzt]

Hanna Johanson

leise

Fenster

Gespenster

Zimmer

vorgelesen

schlafen

Lieder

Zähne putzen

Durst

benutzen

Gespenster

Zähne

Fenster

› Texte genau lesen
› handelnd mit Texten umgehen
› sprachliche Operationen nutzen: ergänzen

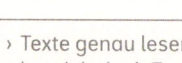

Detektivwissen üben + überprüfen

Einen Text mithilfe von Stichworten wiedergeben
Das konntest du auf den Seiten 112/113 und 116-118 üben.
Hier kannst du weiterüben und überprüfen, ob du es kannst:

Fabelwesen

Schon seit Urzeiten und in allen Teilen der Welt erzählen
sich Menschen Geschichten von fabelhaften Wesen
und ungeheuerlichen Gestalten.

Einige Menschen behaupten, im höchsten Gebirge
5 der Welt, dem Himalaya, schon einmal einen Yeti gesehen
zu haben. Dieser zottelige und affenartige Schneemensch
soll gigantisch groß sein und über 200 kg wiegen. Dabei ernährt
er sich angeblich nur von einem besonderen, salzhaltigen Moos.

In Russland erzählt man sich Geschichten über den Almas.
10 Der Name stammt aus der mongolischen Sprache und
bedeutet übersetzt „Wildmensch". Er soll bis zu zwei Meter
groß werden, mit Fell bedeckt sein und auffällig lange Arme
haben. Dieser Riese soll nachtaktiv und menschenscheu sein.
Aber seine donnernden Schreie soll man kilometerweit hören.

15 Die Ureinwohner Australiens erzählen vom bösartigen
Affenmenschen Yowie. Er soll sich auf allen Vieren bewegen
und ziemlich stinken.

Von einem ähnlichen Wesen wird auch in Nordamerika berichtet.
Hier heißt es Bigfoot und es gibt Leute, die überzeugt davon sind,
20 seine riesigen Fußabdrücke entdeckt zu haben.

 **1** Notiere Stichworte zum Text und gib mit ihnen den Text wieder.
Schätze dich ein und notiere. 🔴 🔴 🔴 🔴

Kapitel 7

Jahreszeiten

GLUGGAVEÐUR

Das ist **Isländisch** und bedeutet übersetzt „Fensterwetter". Es ist ein Wetter, bei dem wir es uns gemütlich machen und durchs Fenster von drinnen die Schönheit des Wetters draußen bestaunen: Windböen, die sich ums Haus schlängeln, Nebel, der alles verschlingt, oder das Ziehen dunkler Wolken.

Der Schaukelstuhl auf der verlassenen Terrasse

Ich bin ein einsamer Schaukelstuhl
und wackel im Winde,
im Winde.

Auf der Terrasse, da ist es kuhl,
und ich wackel im Winde,
im Winde.

Und ich wackel und nackel den ganzen Tag.
Und es nackelt und rackelt die Linde.
Wer weiß, was sonst wohl noch wackeln mag.
Im Winde,
im Winde,
im Winde.

Christian Morgenstern

› Begriffe, auch in anderen Sprachen, lesen
› lebendige Vorstellungen beim Lesen und Hören literarischer Texte entwickeln
› Gedichte vortragen, auch auswenig

Gruseliges zum November

The witches fly
Across the sky,
The owls go, „Who? Who? Who?"
The black cats yowl
And green ghosts howl,
„Scary Halloween to you!"

Graf Dracula und sein Floh

Graf Dracula
Graf Dracula
Sie haben einen Floh im Haar!
Das schert mich nicht
Das schert mich nicht
Er teilt mit mir sein Leibgericht
Ihr Leibgericht?
Ihr Leibgericht
sind Knoblauchzehen oder nicht?
Mach dir nur Mut
Ja, mach dir Mut
ich mag nichts anderes als Blut.

Jan Koneffke

› Gedichte, auch in anderen Sprachen, lesen
› lebendige Vorstellungen beim Lesen und Hören literarischer Texte entwickeln
› Gedichte vortragen, auch auswendig

129

Hallo, ich bin Willi Virus!

Ihr kennt mich, ich habe euch schon öfter besucht.
Dabei bringe ich immer ein schönes Geschenk mit:
einen prächtigen Schnupfen.
Ich bin nämlich ein Schnupfenvirus.

Ich reise sehr gerne.
Wenn ihr sprecht oder hustet,
fliege ich bequem mehrere Meter
von einem Menschen zum anderen.
Und wenn ihr niest, geht es besonders schnell.

Ich schummle mich aber auch gern von Hand zu Hand weiter.
Hier ein paar Tipps, wie ich schneller zu euch komme:

- in die Hand niesen und dann gleich die Hand
  eines anderen schütteln.
- mit der Hand den Rotz abwischen,
  dann den Türgriff anfassen.
- den Lichtschalter drücken und
  gleich danach in der Nase bohren.

So schlüpfe ich ganz rasch in euch hinein.
Manche von uns werft ihr einfach raus,
und zwar wenn ihr euch schnäuzt.
Tut mir also den Gefallen, putzt euch nicht ständig die Nase.
Auch Inhalieren gefällt mir nicht. Da wird es immer so heiß.

Heidi Trpak

So niesen die Menschen in anderen Sprachen

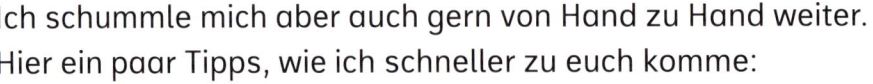

choo   apsik   hapsu   hatsjie   aptshi

PORONKUSEMA

Das ist **Finnisch** und bedeutet die Entfernung, die ein Rentier zurücklegen kann, bevor es pinkeln muss. Das Wort stammt aus der Sprache der Sami. Das ist ein Volk, das in Finnland, Norwegen und Schweden lebt. Das Poronkusema ist ein traditionelles Längenmaß der Finnen. Es beschreibt ungefähr eine Strecke von 7,5 Kilometern.

**träum nur
wenn du willst**

der
schnee
hat einen
traum wie ein
flöckchen fällt und
noch ein flöckchen fällt wie
es weiß wird in der
welt wieder
leis wird
in der
welt

Arne Rautenberg

› lebendige Vorstellungen beim Lesen und Hören literarischer
   Texte entwickeln
› Gedichte vortragen, auch auswendig

Die Schlittenfahrt

Der Frosch klopfte an die Tür der Kröte.

„Es hat geschneit", rief er. „Kröte, wach auf und schau dir das an!"

„Mag nicht", quarrte* Kröte.

„Ich bleibe in meinem warmen Bett."

5 „Komm raus in den Schnee", sagte Frosch. „Es wird lustig."

„Boaah", machte Kröte. „Ich hab nichts Warmes anzuziehen."

Da ging Frosch ins Haus. „Ich hab dir warme Sachen mitgebracht",

sagte er.

Er zog Kröte eine Jacke über. Er ließ sie in warme Hosen schlüpfen.

10 Er setzte ihr eine Mütze auf und wickelte ihr einen Schal um den Hals.

„Hilfe!", schrie Kröte. „Du bringst mich um!"

„Ich zieh dich nur für den Winter an", sagte Frosch.

Zusammen gingen sie hinaus und stapften durch den Schnee.

„Komm, wir sausen auf meinem Schlitten den Hügel hinunter",

15 schlug Frosch vor.

„Ohne mich", sagte Kröte.

„Du brauchst keine Angst zu haben", sagte Frosch.

„Ich setze mich mit dir auf den Schlitten. Es wird bestimmt ganz toll.

Du sitzt vorn und ich hinter dir."

20 Dann ging's los

den Hügel hinab.

„Bahn frei!",

schrie Frosch.

Da bumste der Schlitten

25 in eine Kuhle und Frosch fiel herunter.

Kröte sauste weiter an Bäumen

und Felsen vorbei.

„Frosch", rief sie.

„Ein Glück, dass du bei mir bist."

30 *Holla hopp* hüpfte Kröte über ein Schneebrett.

 *quarren ⟶ einen heiseren, schnarrenden Laut von sich geben

„Oh, Frosch", rief sie. „Ohne dich könnte ich den Schlitten nicht
lenken. Aber mit dir macht es wirklich Spaß."
„Hallo", rief Kröte einem Raben zu.
„Schau uns mal an, den Frosch und mich!
35   Wir sind die besten Schlittenfahrer der Welt!"
„Wieso wir?", fragte der Rabe.
„Du bist doch allein auf dem Schlitten."
Kröte schaute sich um: Frosch war weg!
„ICH BIN ALLEIN!", jammerte sie.
40   Und schon – *krrr!* kratzte der Schlitten an einen Baum.
Wumm! stieß er an einen Felsen.
Plopp! kippte er um und warf Kröte in den tiefen Schnee.
Frosch kam angerannt. Er buddelte Kröte aus dem Schnee
und sagte: „Du hast alles ganz allein prima gemacht!"
45   „Gar nicht wahr!", murrte Kröte. „Aber ich weiß genau,
was ich ganz allein prima machen kann."
„Und was?", fragte Frosch.
„Allein nach Hause gehen", sagte Kröte. „Der Winter ist ja ganz
schön, aber im Bett ist es noch schöner."

Arnold Lobel

 **1** Was muss die Kröte anziehen? Zähle auf und nenne die Zeilen.

 **2** Wann und warum verliert Kröte die Kontrolle über den Schlitten?
Begründe mithilfe des Textes.

 **3** Wieder zu Hause streiten sich Frosch und Kröte über die
Schlittenfahrt. Spielt das Streitgespräch.

wortgeschenke

wo immer du auch bist
egal an welchem orte
ich schenke dir zum
weihnachtsfest
zehn meiner lieblingsworte

rosenseife
sahnebonbon
perlenkette
schneegestöber
hampelmann
kuscheltier
federbett
zimtstern
glockenklang

so weit meine worte fein.
wie bitte?
hast nachgezählt?
es sind erst neun?
nun gut,
dann kriegst du noch nen
cowboyhut

Arne Rautenberg

wortgeschenke

wo immer du auch bist
egal an welchem orte
ich schenke dir zum
weihnachtsfest
zehn meiner
lieblingsworte

Spatz
Rose
Sternchen
Schnee
Sonnenschein
Eiskristall
Schlitten

soweit meine worte fein.

wie bitte?
hast nachgezählt?
es sind erst neun?
nun gut,
dann kriegst du noch nen
cowboyhut

 **1** Welche Lieblingswörter passend zur Weihnachtszeit hast du?
Sammle und notiere sie!

Jetzt kannst du ein Wortgeschenk für jemanden basteln,
den du magst!

GÖKOTTA

Das ist **Schwedisch** und bedeutet in der Morgendämmerung
aufstehen und im Wald oder Park spazieren gehen, um draußen die
ersten Vögel singen zu hören, hauptsächlich den Kuckuck.
Das ist im Frühling Tradition in Schweden. Wenn es warm genug ist,
wird gern auch ein Picknick gemacht.

Frei

Die Faust geschlossen,
ein Käfer drin –
es kitzelt! Du meinst,
dass ich grausam bin?

Vorsichtig öffne ich
meine Hand. –

Er hebt die Flügel
und fliegt ins Land.

Ute Andresen

› Begriffe, auch in anderen Sprachen, lesen
› lebendige Vorstellungen beim Lesen literarischer Texte entwickeln
› Gedichte vortragen, auch auswendig

135

wie der kuckuck an ostern dumm guckt

eigentlich ne schw🥚ner🥚
der kuckuck legt
s🥚n kuckucks🥚
🥚nfach ins fremde nest
hin🥚n

all🥚n b🥚m osterfest
ist k🥚n kuckuck dab🥚
da gibt's k🥚ne kuckuck-typische
schummel🥚

da sitzen bachstelze
zaunkönig grasmücke im nest
und f🥚ern gem🥚nsam
das osterfest

nur der kuckuck sitzt 🥚nsam
all🥚n
ohne 🥚n nest
und schaut dumm dr🥚n

Arne Rautenberg

› Unterschiede von gesprochener und geschriebener Sprache kennen
› lebendige Vorstellungen beim Lesen literarischer Texte entwickeln
› Gedichte vortragen, auch auswendig

Ein trauriger Frühlingstag

Samuel steht am Fenster. Der Blick ist ihm so vertraut wie
sein linker Daumen, den er sich vorhin, beim Aufeinanderstellen
von Kartons, eingeklemmt hat und der ihm immer noch wehtut.
Sein Blick wandert hinüber zu den Bäumen. Er betrachtet sie,
5 wie er sie schon so oft betrachtet hat, bei jedem Wetter, zu
jeder Tageszeit. Auf der anderen Straßenseite stehen die drei
Kastanien mit ihren Fingerblättern. Sie haben schon klebrige
Knospen angesetzt. Jedes Jahr hat er auf die Kerzenblüten
gewartet. Weihnachtsbäume im Mai. Aber diesmal wird er sie
10 nicht sehen.
Ein paar Meter weiter stehen die beiden Birken. Die mag er
besonders gerne im Frühjahr, wenn sie ihre ersten Blätter
bekommen. Ihr helles Grün ist so hübsch. Zwischen den
Bäumen blühen noch Forsythien. Gelbe Flecken im Grün.
15 Das alles wird er nie mehr sehen.

Er wird das alles vermissen, das weiß er schon jetzt.
In Zukunft gibt es nur noch diese schreckliche, baumlose
Siedlung am Stadtrand. Reihenhäuser, die alle gleich aussehen.
Ein Haus wie das andere. Ein Garten wie der andere.
20 Wenn man das überhaupt Garten nennen kann.

Pauline taucht mit rotem Kopf aus einem Karton auf und sagt:
„He, Kleiner, mach nicht so ein Gesicht! Manchmal ist ein
Neubeginn wie eine Wundertüte. Man weiß nicht, was drin ist."

[gekürzt]

Mirjam Pressler

 **1** Was sieht Samuel beim Blick aus dem Fenster? Male ein Bild.

 **2** Pauline vergleicht einen Neubeginn mit einer Wundertüte.
Ist das ein guter Trost für Samuel? Begründe deine Meinung.

› lebendige Vorstellungen beim Lesen literarischer Texte entwickeln
› handelnd mit Texten umgehen: illustrieren
› zu Texten Stellung nehmen

Das ist **RuKwangali** und bedeutet: auf Zehenspitzen über den heißen Sand laufen. RuKwangali wird in Afrika, zum Beispiel in Namibia gesprochen.

Strandurlaub

Langsam ins Wasser gehen.
Das Meer leckt mir die Zehen.
Das Meer lockt mich hinein:
das Knie, das ganze Bein,
den Bauch – hui, ist das kalt!
Doch ich gewöhn mich bald.
Jetzt steht's mir bis zum Hals.
Ich freu mich jedenfalls.

Kurz untertauchen – zisch.
Schau her: Ich bin ein Fisch!

Georg Bydlinski

› Begriffe, auch in anderen Sprachen, lesen
› lebendige Vorstellungen beim Lesen literarischer Texte entwickeln
› Gedichte vortragen, auch auswendig

Nadia Budde

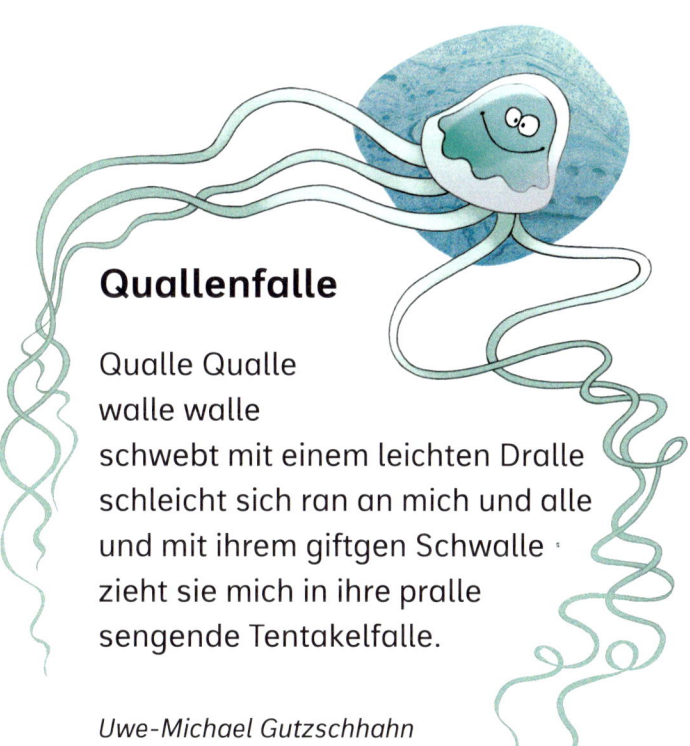

Quallenfalle

Qualle Qualle
walle walle
schwebt mit einem leichten Dralle
schleicht sich ran an mich und alle
und mit ihrem giftgen Schwalle
zieht sie mich in ihre pralle
sengende Tentakelfalle.

Uwe-Michael Gutzschhahn

Ferien nur mit Papa

*Maja will das erste Mal mit ihrem Vater, den sie kaum kennt, in ein
Luxusferienhaus in den Urlaub. Aber sie verfahren sich mitten im Wald.
Das Auto streikt und ihr Vater hat das Handy verloren.
Da hat Maja eine Idee.*

„Papa!", rufe ich und fahre blitzgeschwind zu ihm, „Papa, wir können
weg, ich weiß es! Wir müssen doch bloß den Weg wieder zurück!"
Papa zeigt nur stumm auf meinen Max. Ja, aber … Und da weiß ich
es schon selber: der lange Holperweg, voller Löcher, voller Steine.
5   Das schafft Max niemals! Und wenn mich Papa noch so schiebt.
Meine Beine sind schuld, nur die!
„Heulst du jetzt etwa?" Papa bückt sich zu mir runter: „Maja, bitte
keine Tränen." Und da ist seine Brille von seiner schweißnassen Nase
gerutscht und ins hohe Gras gefallen. „Jetzt haben wir den Salat!",
10 hat Papa gerufen, aber sauer klang das nicht, „der Blinde und die
Lahme, na bravo! Dein Max ist imstande und knirsch, knirsch,
Brille ade." Papa tastet im Gras herum wie ein dicker, verdreckter
Käfer. Aber das Kichern hab ich mir verkniffen. Und wer hat die Brille
entdeckt? Ich! Weil da was geglitzert hat. „Da, Papa!", hab ich
15 gerufen, „Nee, mehr da! Noch mehr da! Jetzt weiter da!"
Da hat er sie endlich gefunden, voller Gras, aber heil.
„Deine Wegbeschreibung war hervorragend", hat er gesagt,
„dein da, da, da, hätte ich auf der Autobahn gebraucht,
dann wären wir jetzt im Ferienhaus und ich unter der Dusche."
20 „Und ich beim Ponyreiten", hab ich gesagt. Und da … hebt er mich
mit Schwung aus dem Max und packt mich huckepack auf seinen
Rücken. „Lass mich dein Pony sein!", hat er gerufen und ist mit mir
über die Wiese galoppiert. Immer rundherum. Ich hab mich an
seinem Hals festgeklammert, so nah war ich meinem Papa noch nie!
25 Endlos hätte ich das haben wollen. Aber nach dem vierten Mal
war Schluss, schon hab ich wieder im Max gesessen. Schade …
Papa hat geschnauft. Er hat gegrinst.

„Hat Spaß gemacht, was Töchterchen?"
Und noch mehr gegrinst, als ich gesagt hab: „Papa, du bist
30 das beste Pony, das ich kenne." Papa zwinkert mir zu: „Wie
wäre es jetzt mit einem erfrischenden Bad für Ross und Reiter?"
Tolle Idee!
Der Bach ist eiskalt. Papa hat richtig laut gekreischt, und ich hab
mitgekreischt. Papa hat mich gut festgehalten. Wir haben
35 rumgeplanscht und Papa hat mich untergetaucht. Ich bin sofort
wieder aufgetaucht, und schwapp, hatte Papa eine volle Ladung
Wasser im Gesicht. Meine Arme und Hände können das ja.
Rache muss sein!

Zum Abtrocknen haben wir uns auf die Wiese gelegt. Das Gras
40 hat gekitzelt, die Sonne Badetuch gespielt. Ziemlich lange
liegen wir und gucken in den Himmel, in die Bäume.
Die Zwitscherlinge zwitschern, drei Schmetterlinge fliegen rum,
ganz nah. Wasserplanschen, Sonnenbaden
und ein Papa mit guter Laune, das
45 hat sich hier zum ersten Mal wie
Ferien angefühlt. Hoffentlich
bleibt das so. [gekürzt]

Gudrun Mebs

 **1** Was gefällt Maja am besten am Ponyreiten mit Papa?
Finde die Stelle im Text, die das erzählt.

 **2** Stellt zu zweit einen Abschnitt des Textes als Standbild dar.

> bei der Beschäftigung mit literarischen Texten Sensibilität und
Verständnis für Gedanken und Gefühle zeigen
> gezielt einzelne Informationen suchen

Mit verteilten Rollen lesen

Wiesel

Wie können wir
einen Text
mit verteilten Rollen
gut vorlesen?

Schritt 1: Wir lesen den Text mehrmals durch.
Wir stellen uns vor, was passiert.
Wir verteilen die Rollen.

Schritt 2: Ich stelle mir genau vor, was meiner Figur
passiert und wie sie sich fühlt.

Schritt 3: Ich überlege mir zu jeder Äußerung meiner Figur:
- Welches Gefühl hat sie beim Sprechen?
- Wie betont sie das, was sie sagt?
- Spricht sie laut oder leise?
- In welchem Tempo spricht sie?

Schritt 4: Ich lese meine Rolle mehrmals laut.

Schritt 5: Ich übe mit den anderen Kindern gemeinsam.
Wir geben uns Tipps.

Schritt 6: Jetzt können wir den Text anderen vortragen.

Zwei für mich, einer für dich

Bär
Ein Pilz für dich und ein Pilz für mich. Und noch ein Pilz für mich.
So ist es gerecht. Ich bin groß, deshalb muss ich viel essen.

Wiesel
Ein Pilz für mich, ein Pilz für dich und noch einer für mich.
Das ist gerecht! Ich bin klein und muss noch wachsen!

Bär
Einer für dich, zwei für mich. Das ist gerecht, weil ich die Pilze
gefunden habe.

Wiesel
Das ist gar nicht gerecht! Du hast sie mir mitgebracht! Und ich hatte
die ganze Arbeit. Ich habe die Pilze geputzt und in der schweren
Pfanne geschmort! Mit Petersilie!

Bär
So viele Pilze sind gar nicht gesund für kleine Wiesel!

Wiesel
Für dicke Bären aber auch nicht!

Bär
Jetzt reicht's! Zwei für mich,
einer für dich und damit Schluss!

Wiesel
Dann bist du aber nicht mehr mein Freund.

Bär und
Wiesel
HEEE! Frechheit!
Der hat einfach unseren Pilz geklaut! –
Guten Appetit! [gekürzt]

Jörg Mühle

› sich in eine Rolle hineinversetzen und sie gestalten

Textsorten vergleichen

Wie kann ich herausbekommen, ob ein Text ein Sachtext, ein Erzähltext oder ein Gedicht ist?

Es gibt viele verschiedene Textsorten.

Ein **Sachtext** informiert über ein Thema.

Ein **Erzähltext** erzählt davon, was verschiedene Figuren (oft Menschen oder Tiere) erleben.

Ein **Gedicht** ist ein Kunstwerk aus Wörtern. Manchmal reimen sich Verse.

Ich lese den Text gründlich und überlege:

Das ist ein Sachtext.

a) Informiert mich der Text über ein Thema?

Das ist ein Erzähltext.

b) Erzählt der Text eine Geschichte von einer oder mehreren Figuren?

Das ist ein Gedicht.

c) Hat der Text eine besondere Form und reimen sich Verse?

Die Schnecke

Die Schnecken gehören zu den Weichtieren. Sie können
zwischen 0,5 mm und 90 cm groß sein. Sie leben am Land,
im Süßwasser und im Meer. Dabei unterscheidet man
Nacktschnecken und Gehäuseschnecken. Schnecken lieben es
5 feucht und sind häufig nachts unterwegs. Sie bewegen sich auf
einer Spur, die sie selbst produzieren. Die Schleimspur schützt
sie vor rauen oder scharfen Böden.

Herr Schneck

Herr Schneck (mit seinem Versteck)
kommt so rasch, dass es braust,
um die Ecke gesaust.
Da schreit er laut:
5 Halt!!! Fast wären wir
zusammengeknallt!
Herr!!! Sehen Sie nicht,
dass ich
die Vorkriech habe?
10 Sie sind vielleicht
ein Unglücksrabe.

Max Kruse

Die Schnecke

Alles begann damit, dass Liam eine wunderschöne alte Schnecke
fand. Sie hatte das schönste Schneckenhaus, das man sich nur
vorstellen konnte. Wenn die Sonne schien, glitzerte es in den
verschiedensten Farben. Voller Freude nahm er die Schnecke mit
5 aus dem Garten und zeigte sie seiner Familie. „Guckt mal, was ich
gefunden habe. Eine Schnecke, die ein Haus trägt, das in allen
Farben des Regenbogens leuchtet. Meine Schnecke heißt jetzt
Regenbogenschnecke. Sie ist das Wertvollste, was ich bislang
gefunden habe." Alle bestaunten das Haus der kleinen Schnecke
10 und konnten sich nicht sattsehen. Aufgeregt fotografierten sie
das Wunder. Doch dann kam die schwierige Frage: „Was soll
jetzt mit der Schnecke passieren?"

Zwischenüberschriften finden

> Im Text stehen so viele Informationen. Wie kann ich mir einen Überblick verschaffen?

Ein Text besteht meistens aus Abschnitten (= Absätzen).
In jedem Abschnitt wird etwas Neues berichtet.
Das kannst du in einer kurzen Zwischenüberschrift zusammenfassen.

Mit Zwischenüberschriften kann man sich einen guten Überblick über das Gelesene verschaffen. Zwischenüberschriften können aus einem Wort oder mehreren Wörtern bestehen.

Schritt 1: Ich lese den Text gründlich.

Schritt 2: Ich überlege, welche Informationen jeder Abschnitt enthält.

Schritt 3: Ich überlege mir eine Überschrift für jeden Abschnitt.

Schritt 4: Ich tausche mich mit einem Partnerkind aus.

Der Blauwal

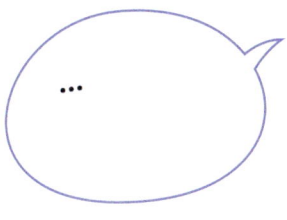

Wie atmet der Blauwal?

Blauwale gibt es in allen Meeren. Der Wal muss nach einigen Minuten unter Wasser wieder auftauchen, um Luft zu holen. Dabei atmet er eine riesige Fontäne aus, die Blas genannt wird. Sie steigt bis zu neun Metern hoch.

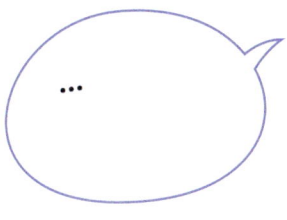

...

Von allen Tieren, die heute auf der Welt leben, ist der Blauwal das größte und schwerste Tier. Sein Körper kann bis zu 33 Meter lang und bis zu 200 Tonnen schwer werden. Das ist etwa ein Gewicht von 23 Elefanten, 230 Kühen oder 1800 Menschen. Das Herz des Blauwals wiegt so viel wie ein kleines Auto und seine Zunge hat etwa die Größe eines Elefanten.

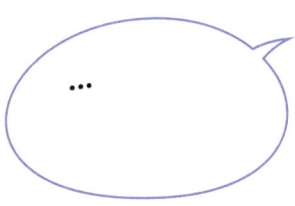

...

Der Blauwal ernährt sich von winzig kleinen Krebsen und Plankton*. Ein anderes Wort dafür ist Krill. Davon frisst er pro Tag ungefähr drei bis vier Tonnen und baut daraus große Fettreserven für den Winter auf, denn dann frisst der Blauwal gar nichts.

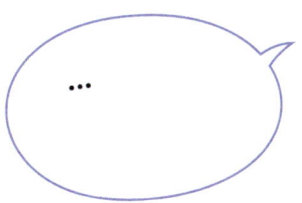

...

Der Blauwal gehört wie alle Wale zu den Säugetieren. Die Blauwalmutter trägt ihr Baby etwa elf Monate lang in ihrem Bauch. Die Mutter säugt ihr Kind etwa sieben Monate lang. Es misst dann fast 13 Meter in der Länge.

*Plankton

kleine Tiere und Pflanzen, die im Wasser leben und sich von der Strömung herumtreiben lassen.

Ein Standbild bauen

> Wie kann man eine Szene aus einer Geschichte ganz ohne Worte darstellen?

In einem **Standbild** wird eine Situation aus einer Geschichte mit einer oder mehreren Personen dargestellt. Dabei darf keiner sprechen.

Deshalb sind Mimik (Gesichtsausdruck) und Gestik (Körperhaltung) der einzelnen Personen bei einem Standbild ganz wichtig. Dadurch können Gefühle (z. B. Traurigkeit, Fröhlichkeit, Angst, Wut) der Figuren und die Beziehungen zwischen ihnen gezeigt werden.

Ist das Bild vollendet, wird es „eingefroren", und die Zuschauer haben dann die Gelegenheit, die dargestellte Szene zu erkennen.

1. Schritt: Besprecht in der Gruppe den genauen Inhalt der Szene. Überlegt auch, wie sich die Personen dabei fühlen.

2. Schritt: Beratet euch kurz, welche Ideen ihr für das Bild habt.

3. Schritt: Bestimmt die einzelnen Figuren für das Bild.

4. Schritt: Baut das Bild. Versucht, einige Sekunden lang das Bild „einzufrieren".

Die sieben Zwerge entdecken das schlafende Schneewittchen

Als die sieben Zwerge nach ihrer Arbeit im Berg in ihr Häuslein kamen, zündeten sie ihre sieben Lichtlein an und sahen, dass jemand darin gewesen ist, denn es stand nicht alles so, wie sie es verlassen hatten.

Der erste sprach: „Wer hat auf meinem Stühlchen gesessen?"

5 Der zweite: „Wer hat von meinem Tellerchen gegessen?"

Der dritte: „Wer hat von meinem Brötchen genommen?"

Der vierte: „Wer hat von meinem Becherlein getrunken?"

Der fünfte: „Wer hat mit meinem Gäbelchen gestochen?"

Der sechste: „Wer hat mit meinem Messerchen geschnitten?"

Der siebente aber, als er in sein Bett sah,
erblickte Schneewittchen, das lag darin und schlief.
Nun rief er die andern, die kamen herbeigelaufen und schrien
vor Verwunderung und Erstaunen,
holten ihre sieben Lichtlein und beleuchteten Schneewittchen.
„Ei, du mein Gott! Ei, du mein Gott!", riefen sie verwundert,
„wie ist das Kind so schön!"
Und sie hatten so große Freude, dass sie es nicht aufweckten,
sondern im Bettlein fortschlafen ließen.

› Situationen in verschiedenen Spielformen szenisch entfalten
› sich in eine Rolle hineinversetzen und sie gestalten
› handelnd mit Texten umgehen: inszenieren

149

W-Fragen stellen

Um einen unbekannten Text kennenzulernen und die wichtigsten Informationen herauszuziehen, stellst du an diesen Text am besten Fragen. Wir nennen sie **W-Fragen**, weil alle Fragewörter mit einem „W" beginnen.

Diese Fragen führen dich zu wichtigen Wörtern im Text. Wir nennen diese Wörter **Schlüsselwörter**, weil sie der Schlüssel zu den Antworten auf die W-Fragen sind.

Was sind die W-Fragen?

 **Wer oder was** spielt in dem Text eine wichtige Rolle? Schlüsselwörter sind Personen, Tiere oder Gegenstände.

 **Wo** spielt die Geschichte? Schlüsselwörter sind wichtige Orte, die beschrieben werden.

 **Wann** spielt die Geschichte? Schlüsselwörter sind Zeitangaben.

 **Was** passiert in der Geschichte der Reihe nach? Schlüsselwörter sind wichtige Beschreibungen, mit denen eine Geschichte wiedergegeben werden kann.

Der kleine Herr Paul

Der kleine Herr Paul räumte auf. Es war Zeit zum Aufräumen,
irgendwann war immer Zeit zum Aufräumen, vor allem, wenn das
Telefon klingelte, und er es nicht mehr finden konnte, weil es hinter
hohen Bücherstapeln versteckt war. Bücher, die er noch lesen wollte
5 oder schon gelesen hatte.
Der kleine Herr Paul war ein menschlicher Bücherwurm, er lebte von
Geschichten, aber er fraß nicht, er las.
An diesem Tag allerdings, nachdem es zehnmal geläutet hatte und
das Telefon verschollen blieb, rief Herr Paul aus: „Jetzt ist Ende!"
10 Damit meinte er Ende mit Lesen und Anfangen mit Aufräumen.
Der kleine Herr Paul blickt von seinem Abenteuerbuch auf und sah
sich um.
„Hallo Wohnung!", sagte er, denn er war fort gewesen und in
Gedanken mit einem Schiff über das Meer gesegelt. Er legte sein
15 Buch zur Seite, krempelte die Ärmel hoch und wütete wie ein Sturm
durch die Wohnung. Es halfen ihm zwei wilde Kameraden aus dem
Kabuff*: Der eine hatte eine gewaltige Lunge und konnte Staub auf
hundert Meter in sich hineinsaugen. Der andere war ein schmaler
Mann mit einem breiten Bart. Der kleine Herr Paul und seine Gehilfen
20 fegten, saugten, räumten und schäumten.
Nach vier Stunden war alles geschafft und das Telefon gefunden.
Alle gelesenen Bücher standen in den Regalen. Jetzt noch einen Tee
kochen und mit einer frisch gespülten Tasse auf den Balkon
zum Lesen! [gekürzt und verändert]

Martin Baltscheit

*Kabuff

kleine Abstellkammer.

Einen Text mithilfe von Stichworten wiedergeben

> Wenn ich einen Text verstanden habe, kann ich ihn mit eigenen Worten wiedergeben.

Was hilft mir dabei?

Schritt 1:   Ich lese den ganzen Text.

Schritt 2:   Danach lese ich jeden Abschnitt des Textes noch einmal genau: Satz für Satz.

Schritt 3:   Ich überlege. Welche Informationen sind wichtig?

Schritt 4:   Ich schreibe die wichtigen Aussagen auf.

Schritt 5:   Ich lese die Stichworte und prüfe, ob sie mir helfen, den Inhalt zu erzählen.

Schritt 6:   Ich erzähle anderen mit diesen Stichworten den Inhalt des Textes.

Stichworte können einzelne Wörter oder Wortgruppen sein.

König Torwart

Ein Krokodil aus Afrika spielte seit Jahren erfolgreich als Fußballtorwart in Spanien. Es war wendig und schnell, trainierte täglich und war berühmt für seine tollkühnen Paraden.

- Krokodil
- erfolgreich als Torwart

Eines Tages kam eine Nachricht.
Darin stand: Lieber Sohn, dein Vater,
der König, ist gestorben.
Er hat bestimmt, dass du sein Nachfolger
werden sollst. Komm schnell.
Der Thron steht leer.
Fünfundzwanzig Diener warten auf dich.
Der Chor übt für die Krönungsfeier.
Herzliche Grüße
Deine Mama

- Nachricht
- König gestorben
- Nachfolger

Das Krokodil schickte eine Nachricht zurück:
Liebe Mama, ich bin traurig,
dass Papa gestorben ist.
Das schönste Geschenk von ihm sind
meine Fußballschuhe.
Fußball ist mein Leben.
Einen König werdet ihr schon finden.
Einen Torwart wie mich
gibt es nicht zweimal.
Herzliche Grüße
Dein Sohn

[verändert, gekürzt]

Herbert Günther

- traurig
- Fußballschuhe
- Fußball mein Leben
- König schon finden

Anleitung: In einer Anleitung wird beschrieben, wie man etwas benutzt oder herstellt. **Seite 29, 85, 125**

Autorin/Autor: Autorinnen und Autoren sind Personen, die sich einen Text ausdenken und schreiben. Hier im Lesebuch sind die Autorinnen und Autoren am Ende des Textes genannt.

App: Eine App ist eine Abkürzung für das englische Wort „application". Eine App ist ein Zusatzprogramm für Mobilgeräte wie Computer, Smartphone oder Tablet. Apps bieten spezielle Informationen zu bestimmten Themen an. **Seite 105**

Brief: Ein Brief ist eine geschriebene Nachricht von einem Sender an einen Empfänger. **Seite 86, 118**

Chat: Der Begriff „Chat" kommt aus dem Englischen und bedeutet, sich unterhalten. Unterhaltung im Internet, bei der man sich Nachrichten schreibt oder Sprachnachrichten schickt. **Seite 25**

Comic: Ein Comic besteht aus Bildern. Der Text in einem Comic steht meistens in Sprech- oder Denkblasen. Es gibt auch Comicromane. **Seite 32**

digital: Mit einem Mausklick die ganze Welt am Bildschirm haben, mit Freunden sprechen, für die Schule recherchieren, Musik hören, Filme schauen. Das alles kann man online über das Internet machen. **Seite 45**

Download: Download ist ein englischer Begriff und bedeutet „Herunterladen". Im Internet kann man Programme oder Apps auf Computer, Smartphone oder Tablet laden. **Seite 45**

Fabel: Eine Fabel ist eine Erzählung, in der Tiere wie Menschen handeln. Aus einer Fabel kann man etwas lernen. **Seite 38**

Fußnote: Fußnoten enthalten Erklärungen und weitere Informationen zu einem Wort in einem Text. Sie sind unter den Texten unten auf der Buchseite aufgeführt. **Seite 16, 18**

Gedicht: Ein Gedicht ist manchmal in Strophen und Verse unterteilt. In manchen Gedichten reimen sich die Wörter am Ende von Versen. **Seite 36, 44, 64**

Gestik: Gestik ist eine Art von Körpersprache. Durch Körpersprache lassen sich Gefühle ausdrücken. **Seite 148**

Grafik: Eine Grafik zeigt Informationen übersichtlich in einem Bild. **Seite 57**

Homepage: Eine Homepage ist eine Seite im Internet. Homepages kann man über eine Suchmaschine suchen oder die Adresse direkt eingeben. **Seite 65**

Hörbuch: Für ein Hörbuch wird ein Buch vorgelesen und aufgenommen. **Seite 52**

Illustrator/Illustratorin: Eine Illustratorin oder ein Illustrator zeichnet, malt oder gestaltet die Bilder zu den Geschichten in einem Buch. **Seite 98**

Internet: Das Internet ist eine Verbindung von Computern auf der ganzen Welt. Mit dieser Verbindung können Daten ausgetauscht werden. Die Daten können Texte, Bilder, Musik oder Videos sein. Man nennt das Internet auch manchmal nur „Netz". **Seite 45, 65, 92**

Interview: Ein Interview ist ein Gespräch mit Fragen und Antworten. Interviews gibt es in gedruckter Form oder gesprochen als Audio. **Seite 98**

Märchen: Märchen sind besondere Geschichten, die sich die Menschen weitererzählt haben. Viele Märchen sind sehr alt und beginnen mit „Es war einmal". Es kommen besondere Figuren und Gegenstände vor. **Seite 78, 82, 87**

Medien: Das Wort Medium bedeutet übersetzt „Mitte". Medien stehen immer in der Mitte zwischen einem Sender und einem Empfänger. Medien sind zum Beispiel Radio, Internet, Zeitung, Buch, Computer, Fernseher und Smartphone. **Seite 45**

Mimik: Mimik ist ein bestimmter Gesichtsausdruck, mit dem sich Gefühle wie Freude, Wut oder Trauer zeigen lassen. **Seite 45**

Recherche: Recherchieren nennt man es, wenn man eine Sache ganz genau wissen will und deshalb alles liest oder anschaut, was man dazu finden kann: in Bücher, in Zeitungen und auch im Internet. **Seite 65**

Reim: Reime nennt man gleichklingende Wörter am Ende von zwei Versen. Sie kommen vor allem in Gedichten und Liedern vor. **Seite 8, 44, 138**

Rolle: Wenn man den Text von einer bestimmten Figur spricht und sich in sie hineinversetzt, dann spielt man eine Rolle. **Seite 14, 20, 142**

Rollenspiel: Ein Rollenspiel kann mit verteilten Rollen gelesen oder gespielt werden. **Seite 142**

Sachtext: Ein Sachtext informiert über ein bestimmtes Thema. Oft gehören zu Sachtexten auch Fotos, Bilder, Zeichnungen oder Tabellen. **Seite 37, 47, 54**

Schlüsselwörter: Die W-Fragen führen zu den Schlüsselwörtern im Text. Sie sind der Schlüssel zu den W-Fragen. Schlüsselwörter können Personen, Tiere und Gegenstände sein, aber auch wichtige Orte, Zeitangaben und wichtige Beschreibungen, mit denen sich der Text gut wiedergeben lässt. **Seite 150**

SMS: Die Abkürzung steht für Short Message Service. Eine SMS ist eine Kurznachricht auf einem Handy oder Smartphone. **Seite 69**

Sketch: Ein Sketch ist eine kurze gespielte Szene, die lustig endet. **Seite 24**

Standbild: In einem Standbild wird eine Situation aus einer Geschichte mit einer oder mehreren Personen dargestellt. Dabei darf keiner sprechen. **Seite 148**

Strophe: Strophen sind die Abschnitte in einem Gedicht oder in einem Lied. Strophen bestehen aus mehreren Versen. **Seite 8, 21, 60**

Suchmaschine: In einer Suchmaschine werden Internetseiten nach Stichwörtern geordnet. Die Suchmaschine filtert alle Internetseiten nach einer Anfrage und zeigt die Ergebnisse an. **Seite 65**

Vers: Die Zeilen in einem Gedicht oder einem Lied nennt man Vers. Manchmal reimen sich die Wörter am Ende von Versen. **Seite 8, 44, 138.**

W-Fragen: Um einen unbekannten Text kennenzulernen und die wichtigsten Informationen herauszuziehen, stellt man an den Text am besten Fragen. Sie heißen W-Fragen, weil alle Fragewörter mit einem „W" beginnen: wer?, wann?, wo?, was? **Seite 93, 150**

Textquellen

S. 9, Hans Manz – *Für uns [gekürzt]* – Aus: Hans Manz: Die Welt der Wörter: Sprachbuch für Kinder und Neugierige. Beltz & Gelberg, Weinheim und Basel 1991.

S. 9, Gina Ruck-Pauquèt – *Im gleichen Moment* – Aus: Hans-Joachim Gelberg: Die Stadt der Kinder. Bitter Verlag, Recklinghausen 1969.

S. 12/13, Renus Berbig – *Die leise Luise [verändert, gekürzt]* – Aus: Renus Berbig: Die leise Luise. Mit Bildern von Anke Kuhl. Beltz & Gelberg, Weinheim und Basel 2017.

S. 14/15, Mikael Engström – *Ida, Paul und die fiesen Riesen aus der Dritten [verändert, gekürzt]* – Aus: Mikael Engström. Aus dem Schwedischen von Brigitta Kicherer. Carl Hanser Verlag, München 2012.

S. 17-19, Hanna Schott – *Ich heiße Amir Adil al-Aziz [verändert, gekürzt]* – Aus: Hanna Schott: Angekommen! Vier Kinder erzählen von ihrem ersten Jahr in Deutschland. Neufeld Verlag, Schwarzenfeld 2016.

S. 20, Kirsten Boie – *Lena hat nur Fußball im Kopf [verändert, gekürzt]* – Aus: Kirsten Boie: Lena hat nur Fußball im Kopf. Oetinger Verlag, Hamburg 1997.

S. 21, Bernhard Lins – *Ich will dich heut nicht sehen* – Aus: Hans-Joachim Gelberg (Hrsg.): Großer Ozean. Beltz & Gelberg, Weinheim und Basel 2006.

S. 22/23, Marie-Aude Murail – *Ich Tarzan – du Nickless! [verändert, gekürzt]* – Aus: Marie-Aude Murail. Ich Tarzan – du Nickless! Mit Illustrationen von Michel Gay. Aus dem Französischen von Paula Peretti. Moritz Verlag, Frankfurt am Main 2011.

S. 24, Astrid Grabe – *Was für ein Forscher! [verändert, gekürzt]* – Aus: Astrid Grabe: Kichererbsen – Klasse 3/4. 20 Sketche für Schulfeiern und zwischendurch. Verlag an der Ruhr, Mühlheim an der Ruhr 2010.

S. 28, Elisabeth Steinkellner – *Affenzahn* – Aus: Elisabeth Steinkellner: Vom Flanieren und Weltspazieren. Reime und Sprachspiele. Verlagsanstalt Tyrolia, Innsbruck 2019.

S. 29, Jörg Mühle, Moni Port – *Was ist gelb* – Aus: Jörg Mühle, Moni Port: Was liegt am Strand und redet undeutlich? Rätselwitze und Quatschbilder. Klett Kinderbuch, Leipzig 2015.

S. 32–34, Alice Pantermüller, Daniela Kohl – *Mein Lotta-Leben* –Aus: Alice Pantermüller, Daniela Kohl: Mein Lotta-Leben. Wer den Wal hat. Arena Verlag, Würzburg 2019.

S. 35, Elena Favilli, Francesca Cavallo – *Wilma Rudolph [verändert, gekürzt]* – Aus: Elena Favilli, Francesca Cavallo: Good Night Stories For Rebel Girls. 100 außergewöhnliche Frauen. Aus dem Englischen von Birgitt Kollmann. Carl Hanser Verlag, München 2017.

S. 36, Jutta Richter – *Schmeckt* – Aus: Jutta Richter. Der Sommer schmeckt wie Himbeereis. Gedichte und Reime für Große und Kleine. Bertelsmann Verlag, München 1990.

S. 36, Maja von Vogel – *Der geheime Kakaoklau* – Aus: Maja von Vogel: Schokuspokus. Der geheime Kakaoklau. Carlsen Verlag, Hamburg 2019.

S. 40, Robert Gernhardt – *Wie kann man übers Wasser laufen* – Aus: Amelie Fried (Hrsg): Ich liebe dich wie Apfelmus. Die schönsten Gedichte für Kleine und Große. cbj Kinder- und Jugendbuchverlag, München 2006.

S. 41, Martin Baltscheit – *Schwimmen* – Aus: Martin Baltscheit: Die Geschichte vom Löwen, der nicht schwimmen konnte. Beltz & Gelberg, Weinheim und Basel 2016.

S. 42/43, Ute Krause – *Theo und das Geheimnis des schwarzen Raben [verändert, gekürzt]* – Aus: Ute Krause: Das Geheimnis des schwarzen Raben. cbj Kinder- und Jugendbuchverlag, München 2018.

S. 44, Andrea Schomburg – *Monster mögen Marmelade* – © Andrea Schomburg. https://www.dasgedichtblog.de/gedichte-fuer-kinder-folge-42-sieben-unveroeffentlichte-kindergedichte-von-andrea-schomburg/2018/08/10/ (Zugriff am 27.4.2020).

S. 47, Christel Süßmann – *Sommerhitze* – Aus: Dagmar Binder (Hrsg.): Wenn der Sommer lacht. Patmos, Düsseldorf 2003.

S. 48, Christian Engelken – *Das Faultier, Entdecker der Langsamkeit* – © Christian Engelken (https://www.dasgedichtblog.de/gedichte-fuer-kinder-folge-51-sechs-unveroeffentlichte-kindergedichte-von-christian-engelken/2019/05/10/) (Zugriff am 27.04.2020).

S. 52/53, Bibi Dumon Tak – *Das Faultier/ Der Mauersegler [verändert, gekürzt]* – Aus: Bibi Dumon Tak: Kuckuck, Krake, Kakerlake. Das etwas andere Tierbuch. Mit Zeichnungen von Fleur van der Weel. Aus dem Niederländischen von Maike Blatnik. © Deutsche Ausgabe: ArsEdition, München 2019.

S. 58, Timo Pavela – *Ella und das Abenteuer im Wald [verändert, gekürzt]* – Aus: Timo Pavela: Ella und das Abenteuer im Wald. Aus dem Finnischen von Anu und Nina Stohner. Carl Hanser Verlag, München 2017.

S. 60, Emily Gravett – *Aufgeräumt [gekürzt]* – Aus: Emily Gravett: Aufgeräumt! Aus dem Englischen von Uwe Michael Gutzschhahn. Erschienen bei Fischer Sauerländer. Fischer Verlage, Frankfurt am Main 2017.

S. 61, Melanie Laibl – *Schwarzes Gold [verändert, gekürzt]* – Aus: Melanie Laibl, Lili Richter: So ein Mist. Verlagsanstalt Tyrolia, Innsbruck 2018.

S. 62/63, Duncan Beedie – *Willibarts Wald [verändert, gekürzt]* – Aus: Duncan Beedie: Willibarts Wald. Text und Illustration © 2017 Ducan Beedie. Übersetzung: Kristina Kreuzer. Magellan Verlag, Hamburg 2018.

S. 64, Michael Augustin – *Das Aquarium bleibt heute geschlossen* – Aus: Michael Augustin, Tanja Dückers, Heinz Janisch, Mathias Jeschke, Arne Rautenberg, Ulrike Almut Sandig u. a.: Ein Nilpferd steckt im Leuchtturm fest. Tiergedichte für Kinder. Deutsche Akademie für Sprache und Dichtung. Mixtvision, München 2018.

S. 66, Wolf Harranth – *Zoologie* – Aus: Sibylle Sailer (Hrsg.): Sieben kecke Schnirkelschnecken. Lustige Kindergedichte und Reimspaß zum Lachen. Arena Verlag, Würzburg 2010.

S. 67, Hans Manz – *Bericht aus der Natur* – Aus: Hans Manz: Die Welt der Wörter. Sprachbuch für Kinder und Neugierige. Beltz & Gelberg, Weinheim 1993.

S. 69, Hanna Johansen – *Ein Frosch [verändert, gekürzt]* – Aus: Uwe-Michael Gutzschhahn (Hrsg.): Ununterbrochen schwimmt im Meer der Hinundhering hin und her. cbj Kinder- und Jugendbuchverlag, München 2015.

S. 70, 72/73, Klaus Kordon – *Hilfe, ich will keinen Hund [verändert, gekürzt]* – Aus: Klaus Kordon: Hilfe, ich will keinen Hund. Illustrationen von Lena Winkel. Verlag Beltz & Gelberg, Weinheim und Basel 2019.

S. 74–77, Fredrik Vahle – *Mäuse wie wir [verändert, gekürzt]* – Aus: Fredrik Vahle: Mäuse wie wir. Laute und leise Geschichten von Luzi und Kabutzke. Beltz & Gelberg, Weinheim und Basel 2003.

S. 80, Christoph Hein – *Alles, was du brauchst* – Aus: Christoph Hein: Alles, was du brauchst. Die 20 wichtigsten Dinge im Leben. Dtv Verlagsgesellschaft, München 2019.

S. 81, Elisabeth Steinkellner – *Lass uns* – Aus: Elisabeth Steinkellner: Vom Flanieren und Weltspazieren. Reime und Sprachspiele. Verlagsanstalt Tyrolia, Innsbruck 2019.

S. 82/83, Sophie Schmid – *Feenzauber und Schweineglück [gekürzt]* – Aus: Sophie Schmid: Feenzauber und Schweineglück. Terzio, München 2007.

S. 84, Paul Maar – *Schneeweißchen und Rosenrot, Rotkäppchen, Rapunzel* – Aus: Paul Maar: Schiefe Märchen und schräge Geschichten. Verlag Friedrich Oetinger, Hamburg 2016.

S. 86, Franz Fühmann – *Liebste Eltern [gekürzt]* – Aus: Franz Fühmann: Die dampfenden Hälse der Pferde im Turm zu Babel. Ein Sprachspielbuch für Kinder. Hinstorff Verlag, Rostock 2013.

S. 88, Georg Bydlinski – *Ratschlag* – Aus: Georg Bydlinski: Wasserhahn und Wasserhenne. Dachs Verlag, Wien 2002.

S. 89, Mustafa Haikal – *Die Computermaus [gekürzt]* – Aus: Hans-Joachim Gelberg (Hrsg.): Wo kommen die Worte her? Neue Gedichte für Kinder und Erwachsene. Beltz & Gelberg, Weinheim und Basel 2011.

S. 92/93, Marc-Uwe Kling – *Der Tag, an dem Oma das Internet kaputt gemacht hat [gekürzt]* – Aus: Marc-Uwe Kling: Der Tag, an dem Oma das Internet kaputt gemacht hat. Illustrationen von Astrid Henn. Carlsen Verlag, Hamburg 2018.

S. 94–97, Lucas Riemer – *Louis Braille [verändert, gekürzt]* – Aus: Geolino Extra Nr. 73, 2018.

S. 101, Nadia Budde – *Zehn Wörter [gekürzt]* – Aus: Hans-Joachim Gelberg (Hrsg.): Wo kommen die Worte her? Neue Gedichte für Kinder und Erwachsene. Beltz & Gelberg, Weinheim und Basel 2011.

S. 102/103, Silke Lambeck – *Mein Freund Otto, das wilde Leben und ich [verändert, gekürzt]* – Aus: Silke Lambeck: Mein Freund Otto, das wilde Leben und ich. Mit Bildern von Barbara Jung. Gerstenberg Verlag, Hildesheim 2018.

S. 104, Hans Manz – *Lies vorwärts oder rückwärts, Sätze, die sich in den Schwanz beißen* – Aus: Hans Manz: Die Welt der Wörter: Sprachbuch für Kinder und Neugierige. Beltz und Gelberg, Weinheim und Basel 1991.

S. 107, Georg Bydlinski – *Die Leseratte und die Spinne* – Aus: Georg Bydlinski: Wasserhahn und Wasserhenne. Dachs Verlag, Wien 2002.

S. 109, Elisabeth Steinkellner – *Bitte nicht stören* – Aus: Elisabeth Steinkellner: Vom Flanieren und Weltspazieren. Reime und Sprachspiele. Verlagsanstalt Tyrolia, Innsbruck 2019.

S. 112/113, Annika Reich – *Lotto will was werden [gekürzt]* – Aus: Annika Reich: Lotto will was werden. Mit Illustrationen von Regina Kehn. Carl Hanser Verlag, München 2018.

S. 114, Heinz Janisch – *Zwischen Tag und Traum* – Aus: Heinz Janisch, Kommt ein Boot. Ein Gedicht in 11 Bildern und vielen Sprachen. Residenz Verlag, Salzburg, Wien 2012.

S. 115, Gerald Jatzek – *Nachtflug* – Aus: Uwe Michael Gutzschhahn (Hrsg.): Sieben Ziegen fliegen durch die Nacht. Hundert neue Kindergedichte. Dtv junior, München 2018.

S. 115, Elisabeth Borchers – *Was ich dir wünsch?* – Aus: Elisabeth Borchers: Oben schwimmt die Sonne davon. Dtv Verlagsgesellschaft, München 2019.

Textquellen

S. 115, Margret Klare – *Träumen* – Aus: Ursula Remmers: Von der Erde bis zum Mond. Gedichte für Kinder. Philipp Reclam jun. GmbH, Ditzingen 2004.

S. 116, Antje Damm – *Lügt jeder? [verändert, gekürzt]* – Aus: Antje Damm: Echt wahr? 52 Gelegenheiten, sich über Lüge und Wahrheit zu unterhalten. Moritz Verlag, Frankfurt am Main 2014.

S. 118, Brian Patten – *Liebe Mama* – Aus: Susan Kreller , Sabine Wilharm (Hrsg.): Der beste Tag aller Zeiten. Weitgereiste Gedichte. Übersetzt von Henning Ahrens, Claas Kazzer. Carlsen Verlag, Hamburg 2013.

S. 119, Nathalie Kupermann – *Die größte Lüge meines Lebens [gekürzt]* – Aus: Nathalie Kupermann: Wer zweimal lügt. Aus dem Französischen von Julia Süßbrich. Boje Verlag, Köln 2015.

S. 120, Lena Hach – *Seltsamer Besuch [gekürzt]* – Aus: Lena Hach: Flo und Valentina. Mit Illustrationen von Tine Schulz. Verlag Beltz & Gelberg, Weinheim und Basel 2019.

S. 121, Charlotte Habersack – *Ein seltsamesPäckchen [gekürzt]* – Aus: Charlotte Habersack: Bitte nicht öffnen. Illustrationen von Fréderic Bertrand. Carlsen Verlag, Hamburg 2016.

S. 122/123, Mario Ramos – *König sein [gekürzt]* – Aus: Mario Ramos: König sein. Aus dem Französischen von Alexander Potyka. Picus-Verlag, Wien 2017.

S. 124, Jörg Mühle – *Träum weiter [gekürzt]* – Aus: Folge deinem Traum. Hrsg. von Michael Krüger. Carl Hanser Verlag, München 2013.

S. 126, Hanna Johanson – *Gespenster [gekürzt]* – Aus: Gudrun Lau (Hrsg.): Ein Pudel spricht zur Nudel. Komisches für Kinder. Aufbau Verlag, Berlin 2010.

S. 128, Christian Morgenstern– *Der Schaukelstuhl auf der verlassenen Terrasse* – Aus: Max Kruse (Hrsg.): Die schönsten Kindergedichte. Ausgewählt von Max Kruse. Aufbau-Verlag, Berlin 2003.

S. 129, The witches fly Aus: https://www.kleiderkreisel.de/foren/kultur/570191-halloween-spruche-aus-england-oder-amerika.

S. 129, Jan Koneffke – *Graf Dracula und sein Floh* – Aus: Uwe-Michael Gutzschhahn (Hrsg.): Trippeltrappeltreppe. Boje Verlag, Köln 2009.

S. 130, Heidi Trpak – *Hallo, ich bin Willi Virus!* – Aus: Heidi Trpak: Willi Virus: Aus dem Leben eines Schnupfenvirus. Verlagsanstalt Tyrolia, Innsbruck und Wien 2015.

S. 131, Arne Rautenberg – *Träum nur wenn du willst* – Aus: Arne Rautenberg: Rotkäppchen fliegt Rakete – Neue Gedichte für Kinder. Peter Hammer Verlag, Wuppertal 2017.

S. 132/133, Arnold Lobel – *Die Schlittenfahrt* – Aus: Arnold Lobel: Das große Buch von Frosch und Kröte. Übersetzt von Tilde Michels. Deutscher Taschenbuch-Verlag, München 2018.

S. 134, Arne Rautenberg – *Wortgeschenke* – Aus: Arne Rautenberg. Vier Kerzen, drei Könige, zwei Augen, ein Stern. 24 Weihnachtsgedichte. Peter Hammer Verlag Wuppertal 2019.

S. 135, Ute Andresen – *Frei* – Aus: Ute Andresen: ABC und alles auf der Welt. Ravensburger Buchverlag Maier, Ravensburg 1998.

S. 136, Arne Rautenberg – *Wie der Kuckuck an Ostern dumm guckt* – Aus: Arne Rautenberg: Rotkäppchen fliegt Rakete – Neue Gedichte für Kinder. Peter Hammer Verlag, Wuppertal 2017.

S. 137, Mirjam Pressler – *Ein trauriger Frühlingstag [gekürzt]* – Aus: Mirjam Pressler: Wundertütentage. Beltz & Gelberg, Weinheim und Basel 2005.

S. 138, Georg Bydlinski – *Strandurlaub* – Aus: Georg Bydlinski: Mit Wörtern kann man vieles machen. Gedichte für Kinder. Razamba Verlag, Frankfurt am Main 2019.

S. 139, Nadia Budde – *Viele Leue zieht es fort* – Aus: Nadia Budde: Auf keinen Fall will ich ins All. Hammer Verlag, Wuppertal 2014.

S. 139, Uwe-Michael Gutzschhahn – *Quallenfalle* – http://www.gutzschhahn.de/?p=2545, (Zugriff am 27.4.2020).

S. 140/14, Gudrun Mebs – *Ferien nur mit Papa [gekürzt]* – Aus: Gudrun Mebs: Ferien nur mit Papa. Erschienen bei Fischer Sauerländer. S. Fischer Verlag GmbH, Frankfurt am Main 2019.

S. 143, Jörg Mühle – *Zwei für mich, einer für dich* – Aus: Jörg Mühle: Zwei für mich, einer für dich. Moritz Verlag, Frankfurt am Main 2018.

S. 145, Max Kruse – *Herr Schneck* – Aus: Max Kruse (Hrsg.): Die schönsten Kindergedichte. Ausgewählt von Max Kruse. Aufbau-Verlag, Berlin 2003.

S. 151, Martin Baltscheit – *Der kleine Herr Paul [verändert, gekürzt]* – Aus: Martin Baltscheit: Der kleine Herr Paul macht Ferien. Bloomsbury Verlag, Berlin 2009.

S. 153, Herbert Günther – *König Torwart [verändert, gekürzt]* – Aus: Herbert Günther, Andreas Röckener: Kann passieren: Wahre Geschichten von erfundenen Tieren. Klett Kinderbuch, Leipzig 2012.

PASSWORT LUPE

Viele Grüße!
Euer LUPE-Team

Lesebuch 3

Erarbeitet von
Kathrin Grothe, Bielefeld
Leonore Jahn, Erfurt
Beate Janzen, Berlin
Dr. Monika Plath, Erfurt
und Uta Sommer, Berlin

Unter wissenschaftlicher Beratung von
Prof. Dr. Tabea Becker, Hannover

Illustriert von
Sabine Wiemers, Düsseldorf
Michael Stapper, Berlin
Zapf, Wien

westermann GRUPPE

© 2020 Westermann Bildungsmedien Verlag GmbH, Braunschweig, www.westermann.de

Druck A[1] / Jahr 2020
Alle Drucke der Serie A sind im Unterricht parallel verwendbar.

Redaktion: Silke Lohmeyer
Gesamtlayout: BlumDesign, Hamburg
Umschlaggestaltung: BlumDesign, Hamburg, mit einer Illustration von Zapf
Layout: PER Medien, Braunschweig
Druck und Bindung: Westermann Druck GmbH, Braunschweig

ISBN 978-3-14-**141381**-6